中国古代陵墓

王 俊 编著

中国商业出版社

图书在版编目（CIP）数据

中国古代陵墓 / 王俊编著. -- 北京：中国商业出版社，2015.5（2021.1重印）
ISBN 978-7-5044-8582-3

Ⅰ.①中… Ⅱ.①王… Ⅲ.①陵墓（考古）-研究-中国 Ⅳ.①K878.84

中国版本图书馆 CIP 数据核字（2015）第117033号

责任编辑：刘毕林

中国商业出版社出版发行
010-63180647　www.c-cbook.com
（100053 北京广安门内报国寺1号）
新华书店经销
三河市吉祥印务有限公司印刷
＊
710毫米×1000毫米　16开　12.5印张　200千字
2015年8月第1版　2021年1月第2次印刷
定价：25.00元
＊＊＊
（如有印装质量问题可更换）

《中国传统民俗文化》编委

主　编	傅璇琮	著名学者，原国务院古籍整理出版规划小组秘书长，清华大学古典文献研究中心主任教授，原中华书局总编辑
顾　问	蔡尚思	著名历史学家，中国思想史研究专家
	卢燕新	南开大学文学院副教授
	王永波	四川省社会科学院文学研究所副研究员
	叶　舟	中国思维科学研究院院长，清华大学、北京大学特聘教授
	于春芳	北京第二外国语学院教授
	杨玲玲	西班牙文化大学文化与教育学博士
编　委	陈鑫海	首都师范大学中文系博士
	李　敏	北京语言大学古汉语古代文学博士
	赵　芳	出版社高级编辑，曾编辑出版过多部文化类图书
	韩　霞	山东教育基金会理事，作家
	陈　娇	山东大学哲学系讲师
	吴军辉	河北大学历史系讲师
	石雨祺	出版社高级编辑，曾编辑出版过多部历史类图书
	王　欣	全国特级教师
策划及副主编	王　俊	

序　言

　　中国是举世闻名的文明古国,在漫长的历史发展过程中,勤劳智慧的中国人,创造了丰富多彩、绚丽多姿的文化,可以说人创造了文化,文化创造了人。这些经过锤炼和沉淀的古代传统文化,凝聚着华夏各族人民的性格、精神和智慧,是中华民族相互认同的标志和纽带,在人类文化的百花园中摇曳生姿,展现着自己独特的风采,对人类文化的多样性发展作出了巨大贡献。中国传统民俗文化内容广博,风格独特,深深地吸引着世界人民的眼光。

　　正因如此,我们必须深入学习贯彻党的十八届三中全会精神,按照中央的要求,加强文化建设。2006年5月,时任浙江省委书记习近平同志就已提出:"文化通过传承为社会进步发挥基础作用,文化会促进或制约经济乃至整个社会的发展。"又说,"文化的力量最终可以转化为物质的力量,文化的软实力最终可以转化为经济的硬实力"。(《浙江文化研究工程成果文库总序》)2014年他去山东考察时,再次强调:中华民族伟大复兴,需要以中华文化发展繁荣为条件。

　　学习习近平同志的重要讲话,确可体会到,在政治、经济、军事、社会和自然要素之中,文化是协调各个要素协同发展、相关耦合的关键。正因如此,我们应该对华夏民族文化进行广阔、全面的检视。我们应该唤醒我们民族的集体记忆,复兴我们民族的伟大精神,发展和繁荣中华民族的优秀文化,为我们民族在强国之路上阔步前行创设先决条件。

实现民族文化的复兴，必须传承中华文化的优秀传统。现代的中国人，特别是年轻人，对传统文化十分感兴趣，蕴含感情。但当下也有人对具体典籍、历史事实不甚了解。比如，中国是书法大国，谈起书法，有些人或许只知道些书法大家如王羲之、柳公权等的名字，知道《兰亭集序》是千古书法珍品，仅此而已。再如，我们都知道中国是闻名于世的瓷器大国，中国的瓷器令西方人叹为观止，中国也因此获得了"瓷器之国"（英语 china 的另一义即为瓷器）的美誉。然而关于瓷器的由来、形制的演变、纹饰的演化、烧制等瓷器文化的内涵，就知之甚少了。中国还是武术大国，然而国人的武术知识，或许更多来源于一部部精彩的武侠影视作品，对于真正的武术文化，我们就难以窥其堂奥了。我国还是崇尚玉文化的国度，我们的祖先发现了这种"温润而有光泽的美石"，并赋予了这种冰冷的自然物以鲜活的生命力和文化性格，如"君子当温润如玉"，女子应"冰清玉洁""守身如玉"；"玉有五德"，即"仁""义""智""勇""洁"等。今天，熟悉这些玉文化内涵的国人，也为数不多了。

也许正有鉴于此，有忧于此，近年来，已有不少有志之士，开始了复兴中国传统文化的努力之路，读经热开始风靡海峡两岸，不少孩童乃至成人，开始重拾经典，在故纸旧书中品味古人的智慧，发现古文化历久弥新的魅力。电视讲坛里一拨又一拨对古文化的讲述，也吸引着数以万计的人，重新审视古文化的价值。现在放在读者面前的这套"中国传统民俗文化"丛书，也是这一努力的又一体现。我们现在确实应注重研究成果的学术价值和应用价值，充分发挥其认识世界、传承文化、创新理论、咨政育人的重要作用。

中国的传统文化内容博大，体系庞杂，该如何下手，如何呈现？这套丛书处理得可谓系统性强，别具匠心。编者分别按物质文化、制度文化、精神文化等方面来分门别类地进行组织编写，例如在物质文化层面，就有中国古代酒具、中国古代农具、中国古代青铜器、中国古代钱币、中国古代石刻、中国古代木雕、中国古代建筑、中国古代砖瓦、中国古代玉器、中国古代陶器、中国古代漆器、中国古代桥梁等;在精神文化层面,就有中国古代书法、中国古代绘画、中国古代音乐、中国古代艺术、中国古代篆刻、中国古代家训、中国古代戏曲、中国古代版画等;在制度文化层面,就有中国古代科举、中国古代官制、中国古代教育、中国古代军队、中国古代法律等。

此外,在历史的发展长河中,中国各行各业还涌现出一大批杰出人物,至今闪耀着夺目的光辉,以启迪后人,示范来者。对此,这套丛书也给予了应有的重视,中国古代名将、中国古代名相、中国古代名帝、中国古代文人、中国古代高僧等,就是这方面的体现。

生活在21世纪的我们,或许对古人的生活颇感兴趣,他们的吃穿住用如何?如何过节?如何安排婚丧嫁娶?如何交通出行?孩子如何玩耍等。这些饶有兴趣的内容,这套"中国传统民俗文化丛书"都有所涉猎,如中国古代婚姻、中国古代丧葬、中国古代节日、中国古代风俗、中国古代礼仪、中国古代饮食、中国古代交通、中国古代家具、中国古代玩具、中国古代鞋帽等,这些书籍介绍的都是人们颇感兴趣,平时却无从知晓的内容。

在经济生活层面,这套丛书安排了中国古代农业、中国古代纺织、中国古代经济、中国古代贸易、中国古代水利、中国古代车马、中国古代赋税等内容,足以勾勒出古代人经济生活的主要内容,让今人得以窥见自己祖先的经济生活情状。

在物质遗存方面,这套丛书则选择了中国古镇、中国古楼、中国古寺、中国古陵墓、中国古塔、中国古战场、中国古村落、中国古街、中国古代宫殿、中国古代城墙、中国古关等内容。相信读罢这些书,喜欢中国古代物质遗存的读者,已经能掌握这一领域的大多数知识了。

除了上述内容外,其实还有很多难以归类却饶有兴趣的内容,如中国古代乞丐这样的社会史内容，也许有助于我们深入了解这些古代社会底层民众的真实生活情状，走出武侠小说家加诸在他们身上的虚幻的丐帮色彩，还原他们的本来面目，加深我们对历史真实性的了解。继承和发扬中华民族几千年创造的优秀文化和民族精神是我们责无旁贷的历史责任。

不难看出，单就内容所涵盖的范围广度来说，有物质遗产，有非物质遗产，还有国粹。这套丛书无疑当得起"中国传统文化的百科全书"的美誉了。这套丛书还邀约了大批相关的专家、教授参与并指导了稿件的编写工作。应当指出的是，这套丛书在写作过程中，既钩稽、爬梳大量古代文化文献典籍，又参照近人与今人的研究成果，将宏观把握与微观考察相结合。在论述、阐释中，既注意重点突出，又着重于论证层次清晰，从多角度、多层面对文化现象与发展加以考察。这套丛书的出版，有助于我们走进古人的世界，了解他们的美好生活，去回望我们来时的路。学史使人明智，历史的回眸，有助于我们汲取古人的智慧，借历史的明灯，照亮未来的路，为我们中华民族的伟大崛起添砖加瓦。

是为序。

傅璇琮

2014年2月8日

前 言

　　中国古代陵墓制度与文化是中国传统文化的一项重要内容，也是中国传统礼乐文明的重要物化表现形式，不同时代的陵墓制度与文化反映了不同时期的文化思想和社会风貌，因此，古代陵墓制度与文化是对中国传统文化进行深入研究的一个重要切入点。对历代陵墓制度与文化进行系统、深入的研究，有助于对中国古代文明进行更深层次的探索，特别是对于研究中国古代礼制文明来说，其意义尤显重大。

　　殡葬是人类对死者遗体进行处理的文明形式，是人类社会到达一定发展阶段以后的产物，也是各民族文化传统的组成部分。随着社会生产力的不断提升，原始人类逐渐产生了宗教迷信和灵魂不死的观念。自从这种观念产生以后，人类就有了埋葬亲人的习俗。中国古代习用土葬。新石器时代墓葬多为长方形或方形竖穴式土坑墓，地面无标志。在河南安阳殷墟遗址中曾发现不少巨大的墓穴，有的距地表深达10余米，并有大量奴隶殉葬和车、马等随葬。周代陵墓集中在陕西省西安和河南省洛阳附近，尚未发现确切地点，陵制不详。战国时期陵墓开始形成巨大坟丘，设有固定陵区。秦始皇陵在陕西临潼县，规模巨大，封土很高，围绕陵丘设内外二城及享殿、石刻、陪葬墓等，其建筑规模对后世陵墓影响很大。汉代帝王陵墓多于陵侧建城邑，称为陵邑。唐代是中国陵墓建筑史上的一个高潮，有的陵墓因山而筑，气势雄伟。由于帝王谒陵的需要，在陵园内设立了祭享殿堂，称为上宫；同时陵外设置斋戒、驻跸用的下宫。陵区内置陪葬墓，安葬诸王、公主、嫔妃，以至宰相、功臣、大将、命官。陵山前排列石人、石兽、阙楼等。北宋除徽、钦二帝被金所虏，囚死漠北外，七代帝陵都集中在河南省巩义市，规模小于唐陵。南宋建都临安，仍拟还都汴梁，故帝王灵柩暂厝绍兴，称攒宫。元代帝王死后，葬于漠北起辇谷，按蒙古族习俗，平地埋葬，不设陵丘及地面建筑，因此至今陵址难寻。明代是中国陵墓建筑史上另一高潮。明代太祖孝陵在江苏省南京，其余各帝陵在北京昌平县天寿山，总称明十三陵。各陵都背山而建，在地面按轴线布置宝顶、方城、明楼、石五供、棂星门、祾恩殿、祾恩门等一组建筑，在整个陵区前设置总神道，建石象生、碑亭、大红门、石牌坊等，造成肃穆庄严的气氛。清代陵墓，前期的永陵在辽宁新宾，福陵、昭陵在沈阳，其余陵墓建于河北遵化和易县，分别称为清东陵和清西陵。建筑布局和形制因袭明陵，建筑的雕饰风格更为华丽。

　　本书开篇介绍了一些古代陵墓与丧葬的小知识。后面四章则按历史发展顺序叙述古代陵墓的发展及演变，更主要侧重于描述古代历代帝王的陵墓。

目录

第一章 古代陵墓概述

第一节 古代陵墓的概念与作用 ········ 2
古代陵墓的概念 ········ 2
陵墓的意义 ········ 2
古代帝王陵墓封土形制的演化 ········ 3

第二节 古代丧葬方式 ········ 5
土葬 ········ 5
火葬 ········ 6
水葬 ········ 7
树葬 ········ 8
悬棺葬 ········ 9

第三节 古代陵墓建筑的特点 ········ 11
坟墓内部结构制式的演变 ········ 11
中国古代陵墓建筑与陵墓雕刻 ········ 15
精湛的墓碑与墓志 ········ 16

第二章 先秦时期的陵墓

第一节 中国原始社会陵墓 ········ 22
山顶洞人陵墓 ········ 22

仰韶文化的陵墓 …………………………………… 24
　　　大汶口文化和龙山文化的木棺 ……………………… 28
　　　齐家文化墓葬中的人殉 …………………………… 30
　第二节　夏商时代的陵墓 …………………………… 31
　　　二里头文化的陵墓 ………………………………… 31
　　　商代王陵 …………………………………………… 34
　第三节　周代陵墓 …………………………………… 38
　　　西周时期的陵墓 …………………………………… 39
　　　春秋战国时期的陵墓 ……………………………… 45

第三章　秦汉魏晋南北朝时期的陵墓

　第一节　秦始皇陵 …………………………………… 62
　　　秦始皇陵的修建 …………………………………… 62
　　　秦始皇陵的陵园与地宫 …………………………… 64
　　　秦始皇陵的从葬区 ………………………………… 66
　　　秦始皇陵的破坏与保护 …………………………… 68
　第二节　汉代的陵墓 ………………………………… 70
　　　汉代帝陵 …………………………………………… 72
　　　汉代王侯陵墓 ……………………………………… 80
　第三节　三国与西晋时期的陵墓 …………………… 91
　　　三国帝陵 …………………………………………… 92
　　　西晋帝陵 …………………………………………… 96
　第四节　东晋与南北朝时期的陵墓 ………………… 98
　　　东晋与南朝的陵墓 ………………………………… 99
　　　北朝十六国时期的陵墓 …………………………… 102
　　　北魏时期的陵墓 …………………………………… 106

北魏以后的北朝墓葬 110

第四章 隋唐宋元时期的陵墓

第一节 隋唐五代陵墓 116
隋代帝陵 118
唐代帝陵 119
唐代其他墓葬 140
五代十国陵墓 140

第二节 两宋陵墓 146
北宋帝陵 147
南宋帝陵 151
宋代其他墓葬 154

第三节 辽夏金元陵墓 156
辽代陵墓 156
西夏陵墓 159
金代陵墓 163
元代的墓葬 165

第五章 明清时期的陵墓

第一节 明代陵墓 168
明孝陵 169
十三陵 171

第二节 清代墓葬 175
关外三陵 176
清东陵与清西陵 177

参考书目 183

第一章

古代陵墓概述

中国古代陵墓制度与文化是中国传统文化的一项重要内容,也是中国传统礼乐文明的重要物化表现形式,不同时代的陵墓制度与文化反映了不同时期的文化思想和社会风貌,因此,古代陵墓制度与文化是对中国传统文化进行深入研究的一个重要切入点。

对历代陵墓制度与文化进行系统、深入的研究,有助于对中国传统文明进行更深层次的探索;对于中国古代礼制文明的研究来说,其意义尤显重大。

第一节
古代陵墓的概念与作用

古代陵墓的概念

陵墓是指中国古代帝王的坟墓,是中国古代建筑的一个重要类型。具体还可分为以下几类:

(1) 坟、墓:"坟"和"墓"都是埋葬死人的地方。筑土为坟,穴地为墓,后通称"坟墓"。

(2) 冢:高大的坟墓。

(3) 丘:王公等人的墓。

(4) 封:诸臣的墓称为"封",后也指"坟"。

(5) 山、陵:秦名天子冢曰"山",汉曰"陵"。

陵墓的意义

陵墓在中国古代建筑遗产中是数量较为丰富、保存较为完整的一类,其中蕴含了大量古代艺术珍品,同时陵墓建筑本身也是古代艺术和技术水平的综合表现。中国古代陵墓的一个突出特点是刻意追求山川自然形势的完善,细心探究自然景观美与人文景观美的有机结合。这一特点的形成有着浓厚的文化根源,充分体现了中国古代的思想文化框架,综合反映了古人的环境观、建筑观、审美观、伦理观等。

但究其本源,陵墓建筑的初衷包含以下几点意义:

(1) 侍奉意义。据《左传·哀公十五年》载,所谓"事死如事生,礼也"。

仰韶文化晚期墓葬

（2）纪念意义。每年都要祭祀或祈祷。

（3）荫庇意义。兴衰的象征，祖先埋的地方关系到后代的兴衰，是一种风水观念。

（4）强化皇权威势。

（5）永恒性。陵墓一般建在地下，具有永恒性。其他地上建筑一般是木建筑，不具有永恒性。

古代帝王陵墓封土形制的演化

1. 封土形制

这是关于帝王墓穴上方堆土成丘的形状和规模的制度。"厚葬以明孝"起源于《周礼》。帝王陵墓封土形制自周朝以来，经历了"覆斗方上"式、"因山为陵"式和"宝城宝顶"式的演化过程。

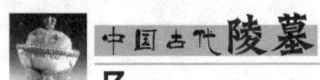

2. 覆斗方上式

它在墓坑上用土层夯筑，形成上小下大的方锥体。因其上部为一小方形平顶，如锥体截去顶部，故名曰"方上"。这种封土形制沿用的朝代最多，自周朝一直延续到隋朝。之后，又被宋朝选用。在诸多使用这种封土形制的陵墓中，以秦始皇陵墓的墓冢形体最大。

3. 因山为陵式

最早见于记载的是汉代文帝灞陵，将墓穴修在山体中，以整座山体作为墓冢，气势宏大，雄伟壮观。唐朝帝王陵墓的特点也是"因山为陵"，利用山的丘峰作为陵墓坟头，既能体现出帝王的浩大气魄，又可防盗。

4. 宝城宝顶式

在地宫上方，用砖砌成圆形围墙，内填黄土，夯实，顶部做成穹隆状。圆形围墙称宝城，穹隆顶则称宝顶。在地宫之上砌筑高大的砖城，在砖城内填土，高出城墙呈圆顶状，称此为宝城宝顶。宝城前有一个向前突出的方形城台，台上建方形明楼，楼内竖立皇帝或皇后等谥号碑，也是陵名的标志。这种由宝城、宝顶和方城明楼构成的坟头，在结构上较以前复杂多了，艺术性加强了，也增添了庄严肃穆的气氛。

知识链接

天葬

天葬，即人死后，弃尸郊野或高山巅，使鸟啄食，认为可使死者的魂升入天界。我国古代南方、内蒙古及西藏、青海等地有此俗。弃尸郊野者也称"弃葬""野葬"，掷尸空中者也称"天葬"。《南史·夷貊传·扶南国》

有载:"国俗,居丧则剃除须发。死者有四葬:水葬则投之江流,火葬则焚为灰烬,土葬则瘞埋之,鸟葬则弃之中野。"《太平广记·蛮夷·顿逊》有载:"其俗,人死后鸟葬。将死,亲宾歌舞送于郭外,有鸟如鹅而色红,飞来万万,家人避之,鸟啄肉尽,乃去。即烧骨而沉水中也。"胡朴安编著的《中华全国风俗志·西藏·藏民丧葬之仪式》中有言:"天葬与地葬稍别,掷尸于空中,使喂鸢鸟,肉尽则碎其骨,同于地葬。肉骨皆尽,然后家人互相庆贺,以为死者升天矣。"在不同的历史时期、不同的国家和地区、不同的民族以至不同的社会阶层都会形成不同的天葬仪式。

第二节 古代丧葬方式

由于不同地域自然条件的差异,不同民族的观念与传统习俗的差异,故我国历史上形成了多种处理已故亲属的丧葬方式,主要有土葬、火葬、水葬、树葬、悬棺葬等。

土葬

洞穴土葬是居住在洞穴(天然洞穴)中的原始人类在洞穴中就地用土埋葬死者的一种方式。这种以居地当墓地的形式,是中国迄今所知最古老的埋葬方式。北京周口店山顶洞人洞穴下室中发现的三人合葬墓,说明早在18000

中国古代陵墓
ZHONG GUO GU DAI LING MU

多年前的旧石器时代晚期便已出现洞穴土葬习俗。平地土葬是指不挖墓坑，在地面上直接堆土埋葬。此种葬俗始见于新石器时代中期前后，至西周时期则获得了新的发展。新石器时代的此类墓，一般是将死者放于地面上，不加葬具，摆放好随葬品后即掩土覆埋。黑龙江昂昂溪遗址曾发现一座用沙土掩埋的此类墓，安徽潜山薛家岗遗址墓葬也见到类似的墓，长江流域的马家浜文化、崧泽文化都流行这种葬俗。西周时期也见到此类平地土葬的习俗，但发生了一些新的变化。安徽屯溪发现两座用河卵石在平地上堆出墓葬范围，然后陈放随葬品堆土掩埋的墓例，墓内未见人骨痕迹。在江苏句容浮山果园、溧水乌山、金坛鳖墩等地发现的一批西周时期的土墩墓，埋葬方法和随葬情形均与屯溪墓雷同。以上情况表明，平地土葬这种古老葬俗在西周时期的长江下游一些地区不仅十分盛行，还有了新的发展。平地土葬事实上也标志了中国"坟"的习俗。

古代青铜葬具

火葬

火葬起源于原始社会时期，是对死者尸骨焚烧火化的敛葬方法，即在人死后，用柴薪将遗体火化，其骨灰或藏或埋或安放，是传统丧葬风俗之一。古代迄今的火葬习俗一般都是以一次性将人体遗骨焚烧成灰状后收敛于容器中陈放的面目出现。这种形式的火葬，据目前考古发现看，应是从火烧尸骨但仍存骨架形，并进行敛葬的形式演变而来的。烧尸存骨敛葬的形式，在中国新石器时代文化中现已发现两例。其一是江苏常州寺墩遗址三号墓，该墓的火葬方法是先在陈放死者的墓坛中，于尸体的头前和脚后各铺垫十多件玉璧，然后放火燃烧，待火烧至将灭未灭时将死者放进火圈中，再围绕墓坑的四周放玉琮，并在死者的头前脚后摆放陶器和其他玉器，最后盖土掩埋；其二是上海青浦金山坟遗址一号墓，从出土现象看是仅限于焚烧死者尸体而不烧随葬品，焚烧的程度是尸骨显露出青灰色即止，烧尸后在墓内陈放随葬品，然后填土掩埋。以上两例焚尸墓均属于新石器时代晚期良渚文化墓葬，它们的发现说明，焚尸的习俗早在新石器时代晚期便已发生，这种早期的焚尸习俗尽管与后来的火葬内容并不完全等同，但在事实上却开了火葬习俗的先河，很可能是后世火葬习俗发展的直接前身。

先秦至汉，火葬最初流行于少数民族地区。先秦的仪渠、氐羌、北朝时的突厥等，皆实行火葬。东汉时佛教传入，佛教僧侣死后火葬之俗影响到佛教信徒，进一步扩大到民间，以至皇室成员也有火葬者。经唐至宋，更加盛行，浙江、四川等地尤为普遍，焚尸之地称为"化人亭"。由于此俗与儒家伦理道德及经书中的丧葬仪规相悖，宋、元、明、清历代统治者皆曾下诏或颁布法律禁止火葬，违者治罪，因而至明代转衰。然对佛教徒、少数民族不禁。中国实行过火葬葬俗的少数民族有羌、彝、白、纳西、哈尼、怒、布朗、土、拉祜、瑶等。明清以后，唯羌、彝及少数地区的拉祜、纳西等族仍行火葬。此外，藏族的活佛、上层喇嘛或部落头领也实行火葬，傣族是土葬、水葬、火葬兼行。

火化后的骨灰处理方式各民族有所不同。游牧民族有掘坑掩埋和撒入江河的习惯。佛教僧人及信徒，多装于陶罐之中，再放入墓塔，或埋于墓地。汉族人吸收了他们的方式或将骨灰撒向山河大地，或留以纪念，祭供于灵堂，或装于陶罐、石匣、木棺之中埋入墓地。作为死者的象征，骨灰的处理是一件庄重的事情。

水葬

据《西夏书事》记载，西夏太祖皇帝李继迁在进行反宋战争期间，把自己的先祖彝昌葬在榆林红石峡。他堵住河水、引向北流。再在河床的石板上凿穿一个穴，把死者葬入石穴后再扒掉堵河的水坝，恢复河水流入，后人都不知道这个地方。这种奇特的水葬，汉族没有过。西藏人虽行水葬，但那是把尸体抛入水流，而不是"凿石为穴"。

旧时在我国西藏和川滇地区的藏族、门巴族流行此俗。多用于夭折的小孩和患传染病而死的贫民。方法是用绳将死者头部和膝盖绑在一起，双臂插入膝弯下，呈坐姿，由司葬人将其背至河边，将尸体肢解，丢入水中，或全尸投水。我国羌、傣等族虽也有流行，但不以刀解尸。此俗易污染环境、传播疾病，有诸多流弊，经历代革新，已逐渐消亡，但在雅鲁藏布江等江河附

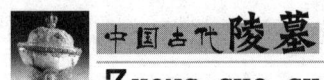

近，仍有水葬习俗，尤其是在夏日江河水涨季节，认为水葬的神圣感不亚于天葬。天葬是将尸体喂"秃鹫"，而水葬则是喂鱼，效果是一样的，均可以得到超度。于是人们用羊毛绳将死者遗体束成弓形，再拴坠石头，投入河中，或用白布裹尸，整尸投入江中。那些乞丐及鳏、寡、孤、独等经济地位低下的人死后也使用这种葬法。

水葬有全尸与分尸之别，有的把尸体捆成一团，装入木盆等物中抛入大江，有的把尸体碎裂，扔到江里。海上的渔民和船民去世后，地方那么小，没办法处理遗体，只有往水里丢。而且渔民是崇水的，他们认为尸体放到水里沉下去给鱼吃掉就是回归自然，也就升天了。所以，早期的水葬是跟生产生活方式相关的，只是现在渔民都不水葬了，因为条件变化了。长期的经验告诉他们，这样做是会污染水源的。

树葬

"树葬"又称"风葬""挂葬""空葬""悬空葬"，是一种古老的葬式类型。其葬法是将死者置于深山或野外，在树杈上架以横木，然后将死者置于其上任其风化，也有的将死者悬于树上或陈放于专门制作的木架上。对树葬习俗的产生，有诸多看法。有的认为同游猎经济有关；也有学者提出，古人认为死人的精灵荡游在森林之中，就如生活在活人的身旁，这可能导致树葬之俗；还有一种说法，认为树葬源于树居，原始社会早期，人类居住于树上，基于灵魂观念的考虑，先人认为人们在生之时既然栖息于树上，那么死去之后也同样会以"树"为"家"。

人类选择树来安放尸体，首先要了解树在先民观念中占有的位置。远古时代的人类由于对自身所处的世界知之甚少，还没有掌握大自然的客观规律，于是产生了对万物的崇拜，认为万物皆有灵，于是各种崇拜之物大量出现，风、雨、雷、电，甚至树木、花草皆为神，对树的崇拜也往往与上帝、祖宗、山川崇拜结合在一起。林木因其具有与山川相似的神性，亦成为人们祭祀的对象，如《周礼·山虞》记载其人的职责即为"若祭山林，则为主而修除"。古时不论天子、诸侯、大夫、百姓，都各自立社以奉神祇，而社通常的标志即是"社树""社林"。社树、社林作为土神乃至祖先神的象征，在上古社会中具有崇高的地位。商汤因"天大旱，五年不收，乃以身祷于桑林"即是有名的故事，所以社树、社林的存亡、兴衰往往代表宗祀的命运。直到汉代，人们视林木为神祇之所在的例子仍比比皆是。汉末曹植亦曰："桂之树，得道之真人咸来会讲仙。高高上际于众外，下下乃穷极地天。"与曹植的诗旨相同，和林格尔汉墓后室木棺前之壁画中绘有一株枝叶繁茂的巨大桂树，这显然也是幻想通过具有神性的树而使墓主的灵魂升入天国。由此可见，树葬的出现并非偶然，它是随着人类的意识形态的发展而出现的，与远古人类所处的生活环境、社会环境有很大的联系。

悬棺葬

悬棺葬是将死者棺木悬置在悬崖峭壁上的墓葬。棺木放置方式因时因地而有不同，或利用峭壁间隙架设棺木，或在峭壁上凿孔，插入木桩固定承托棺木，或利用天然岩洞及人工凿洞来盛放棺木。葬具多为独木凿成，呈长方形，少数则以独木舟船为棺。葬式有一次葬和二次葬。中国迄今所知最早的悬棺葬是福建崇安武夷山的一、二号船棺葬，与中原地区的夏商文化处于同一时期。

综观悬棺葬遗存的分布，几乎都在临江面水的悬崖绝壁上，表现出行悬棺葬的民族都具有"水行山处"的特点，而葬具形式则以船形棺和整木挖凿的独木舟式棺材为主。如果再结合置棺方式、葬制和葬式等各种情况综合分析，悬棺葬习俗当属原始宗教中在鬼魂崇拜基础之上发展起来的祖先崇拜观念的反映。这些习于水上生活并以善于造船和用船著称的民族笃信，祖先死后，鬼魂虽然到了人鬼相隔的另一个世界，但并未离开生前所依山傍水的地理环境，仍将与自己家人和后代长相厮守，并保佑他们繁荣兴旺。所以船形棺或独木舟式的棺具之主要含义并不是部分人认为的那样皆在普度灵魂回归故乡或驶向彼岸世界，而是皆在满足祖先在幽冥中的生活需要。至于将棺木高置于陡崖绝壁，则是尽量避免人兽或其他因素对尸骸造成伤害，这样才能使祖先的灵魂得到永久的安息，并得到其在冥冥之中的赐福和保佑。

悬棺

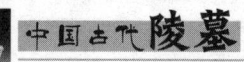

武夷山九曲溪两岸的峭壁上，至今仍存有悬棺遗迹十余处。据考证，当年我国南方分布着大大小小被今人统称为古越人的部落，船是古越人生活中必不可少的工具，他们把死者放入船形棺木是对死者的敬重。而出于对高山的崇仰，他们又把逝者安放在最接近"天神"的地方，以使他们不被世人打扰，从而更好地庇佑后人。据三国时吴人沈莹的《临海水土志》记载，当时浙江瑞安至福建连江一带的"安家之民"和"台湾土著"、"夷州民"在饮食起居、风俗习惯上非常相近，都有悬棺葬的习俗，而在中国台湾偏僻的小岛兰屿的雅美人中间，这种葬俗保留至今。

知识链接

衣冠葬

中国历史上的一种特殊葬法。墓内无死者尸体，仅埋死者穿戴过的衣冠，其坟墓称"衣冠冢"。据考古资料证明，此葬法可推溯到氏族社会后期，如大汶口出土的古墓中，随葬品甚丰，但无墓主。在当时，氏族部落间经常发生战争，双方尸骸纵横，无从收集，人们为了纪念阵亡将士，往往要为他们举行隆重的葬礼，建造衣冠冢。后代沿袭，凡无尸骸者，多以衣冠冢葬之。明末袁崇焕于山海关前线屡挫清兵，清人使反间计，明崇祯皇帝中计，将袁凌迟处死，不久明朝亡国。后人怜一代英雄袁崇焕如此冤死，在北京为其立衣冠冢，至今犹存。孙中山先生1925年3月12日逝世于北京，灵柩暂时安置于北京西山碧云寺后金刚宝座塔中。1929年移葬南京，衣冠则葬于香山碧云寺，此亦为衣冠冢。后来这种葬法曾流行于沿海地区，人们对出海捕鱼遇难又无法寻找到尸体的渔民，便将其生前穿戴的衣冠葬于空墓内。

衣冠冢是一类象征性的墓葬。还有一些墓，其中则连衣冠也没有，纯属象征性的墓葬，如黄帝陵墓。《汉书·郊祀志上》载："上（汉武帝）曰：'吾闻黄帝不死，有冢，何也？'或对曰：'黄帝以仙上天，群臣葬其衣冠。'"

第三节
古代陵墓建筑的特点

坟墓内部结构制式的演变

在阶级社会中，墓葬制度突出地体现了阶级关系。在各个时代，民族和地区的特点，在墓葬制度中也得到了充分的反映。

1. 石器时代

北京周口店山顶洞人埋葬的发现，说明在旧石器时代晚期，已出现按一定方式埋葬死者的现象。到新石器时代，墓葬已有了一定的制度。墓圹一般是长方形或方形的竖穴式土坑。新石器时代的墓坑一般都小而浅，仅能容纳尸体，到了晚期，有些地区已开始用木棺作葬具。在大汶口文化的后期，少数墓坑面积甚大，坑内沿四壁用木材垒筑，上面又用木材铺盖，构成了木撑，这大概是由于墓主人拥有特殊的社会地位。

2. 商周时期

商代社会生产力有了较高的发展，以商王为首的奴隶主贵族统治着庞大的国家。因此在商代的墓葬制度中存在着严格的阶级和等级的差别，统治阶级的陵墓规模十分宏大。

西周的墓制承袭商代。由于尚未发现王陵，不知当时是否有"亚字形墓"（"亚字形墓"又称"十字形墓"，是一种大型方形或亚字形墓室，带四条长墓道，全形如古文字中的"亚"字的大型墓葬）。诸侯、贵族的大墓，有的是

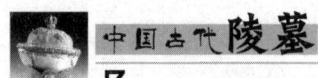

设有两个墓道的"中字形墓"("中字形墓"是一个大型的长方形穴式土坑,南北两面各有一个墓道),有的是设有一个墓道的"甲字形墓"("甲字形墓"是一个大型的长方形或方形以及特殊变异的横穴洞室,墓室一端延伸出一条墓道,全墓平面约呈"甲"字的外形)。河南省浚县辛村卫国墓地多系中字形墓,其形制与商代的陵墓相似。除上述两种类型的大墓以外,西周时期的墓绝大多数仅有长方形的墓室,不设墓道,它们的规模因墓主人的身份不同而有很大的差别。还有一点与商代极为相似,就是墓底也多设有腰坑与车马坑。

3. 春秋战国时期

春秋战国时代,墓室仍然保持商、西周以来的形制,有的大墓甚至还保留着腰坑。有些国君和大贵族的陵墓如平山中山王墓、辉县魏王墓和邯郸赵国贵族墓,都在墓室的两面设墓道,与商、西周的中字形墓相似。有些国君的墓,如安徽省寿县蔡侯墓,则和许多贵族的墓相同,仅有一个墓道甚至没有墓道。湖北省随州曾侯乙墓,坐落在丘陵的岩石中,规模甚大,但没有墓道,而且墓室的形状也不规整,是罕见的特例。诸侯、贵族的大墓,仍流行附设车马坑。中山王墓的附近除车马坑以外,还有船坑,坑内埋船。这一时期的大墓,往往在墓室内积石以加固,积炭以御湿。辉县的魏王墓,则在墓圹内大量屯沙以防盗。在南方的楚地,流行用一种白色或灰色的黏土填在棺椁的周围,以保尸体和随葬品不朽。

在关中和中原地区的战国晚期小型墓中,出现了横穴式的土洞墓室,也有用一种体积庞大的空心砖筑撑墓室以代替木椁的。这种横穴式墓和空心砖墓在当时还不是很普遍,但它们的出现意味着自商周以来的传统墓制已经发生了变化。

4. 秦汉六朝时期

秦汉普遍用横穴式的洞穴做墓圹,用砖和石料筑墓室,在形制上模仿现实生活中的房屋,这是中国古代墓制的一次划时代的大变化。这种变化主要是从西汉中期开始的,首先发生在黄河流域,然后普及到各地。在秦和西汉前期,贵族地主阶级仍沿用竖穴式土坑墓,墓中设木撑。在长江流域及南方和北方的边远地区,竖穴式木梓墓一直延续到西汉后期,甚至东汉前期。在秦和西汉的竖穴式木梓墓中，棺椁制度沿袭周代的礼制，有严格的等级。在贵族大墓中，河北省满城汉墓和山东省曲阜九龙山汉墓可以作为西汉中期新兴的横穴式墓的代表。它们是在山崖中穿凿巨大的洞穴，作为墓室，故称"崖墓"，形制和结构完全模仿房屋。在黄河流域和北方地区，一般的横穴式墓是地下的土洞墓，规模较小，构造较简单，墓主属于下层地主阶级。这种土洞墓，在汉代以后的各个时期，长期流行。大约在西汉中晚期，在中原和关中一带开始出现用小型砖建筑的墓，一般称为"砖室墓"。到了东汉，砖室墓迅速普及，成为全国各地最常见的一种墓。贵族官僚们的砖室墓规模较大，结构复杂，布局模仿他们的府第。

秦始皇陵兵马俑

西汉晚期开始出现的石室墓，到东汉在某些地区盛极一时。墓室中雕刻着画像，故称"画像石墓"。墓室的结构和布局，也是仿照现实生活中的住宅。有的石室墓，也绘有彩色的壁画。东汉时期，四川省境内的砖室墓往往在壁上另嵌一种模印着画像的砖，称为"画像砖墓"。

魏晋南北朝时期的墓葬制度，大体上承袭汉代。但经过汉末的战乱，社会经济受到严重的破坏，统治阶级的厚葬之风不得不有所改变。此时规模宏大、雕刻精致的画像石墓已很少见了。贵族官僚的墓，一般都是砖室墓，有时设石门。和汉墓相比，墓室的平面布局简化，面积减小。但是，在墓室的细部结构和设施方面却有一些新的发展。从汉末、魏晋开始，各地都流行在墓室中设棺床。在长江流域的晋墓中，有时还有灯龛和台桌。在黄河流域，砖室墓的墓道甚长，其接近墓室的部分是一段隧道。魏晋之际，辽东、河西等边远地区的豪族大姓，沿袭汉代旧制，营建砖石结构的大墓，在墓壁和砖面上施彩画，其题材多与汉墓壁画相似，但在中原一带，却很少有在墓内绘壁画的，而到了北魏，壁画又重新流行起来，在长江流域的东晋和南朝，则流行用模印着画像的砖来装饰墓壁。

5. 隋唐五代时期

到了隋唐五代，在以黄河流域为主的北方地区沿袭北魏以来的墓葬制度，后经隋代，至盛唐，一脉相承。当时贵族官僚的大墓，都是采用斜坡式的墓道，包括一段很长的隧道，隧道顶部开天井，两壁设龛。唐懿德太子墓有天井7个、壁龛8个，唐章怀太子墓有天井4个、壁龛6个，唐正三品司刑太常伯李爽墓有天井3个、壁龛2个。天井和壁龛的多寡基本上与墓主人的官品爵位相一致。

  隋代流行以土洞为墓室，高级官僚的大墓亦不例外。入唐以后，则多采用砖室，土洞墓已降为低级官吏或平民所用，一般的官僚，其墓室都为单室。二品以上的大官，除主室以外，有时还设简单的前室。成王李仁墓、章怀太子墓及懿德太子墓和永泰公主墓，则都有前后两室。从初唐到盛唐，贵族、官僚墓中流行壁画。一般是墓道前部两壁各绘青龙、白虎，墓室顶部绘日、月、星辰，其他则有鞍马、明驼、牛车、列戟、步骑仪卫、属吏、男女侍者以及乐舞伎等，各绘在墓内的相应部位，其内容和规格视墓主人的身份而有所区别。

  安史之乱以后，唐代墓葬制度发生了显著的变化。首先是墓的构造简化，短而狭的竖井式墓道代替了斜坡式的长墓道，因而天井和壁龛也不见了。墓室的规模缩小，壁画亦十分罕见。长江以南广大地区的唐墓，有竖穴式土坑墓和砖室墓两类，形制简单，规模甚小。砖室墓多为长方形，有的两室并列，夫妻各葬一室。

6. 宋元明清时期

  到了宋朝，中原和北方地区的北宋墓，最富有特色的是一种仿木结构建筑的砖室墓。北宋初年，墓室内的仿木结构还很简单。到北宋中期，才达到成熟的程度，从而成为一种特殊类型的砖室墓。从这以后，墓室的平面又从方形或圆形演变为正多边形，仿木结构则从简单的"一斗三升"替木或"把头绞项造"演变为五铺作重拱，仿木结构的砖室墓版门直棂窗演变为雕花格子门。一般多为单室墓，后期较大的墓则分前后两室。墓内多用壁画或雕砖作装饰，其内容主要是表现墓主人的日常生活，特别是墓主夫妻举行"开芳宴"的场面，有时也有孝子故事图等。在北宋末年的有些墓中，还出现了杂剧雕砖。墓室的后壁，则往往有"妇女掩门"雕砖。

  长江中下游地区的宋墓，与同地区的唐墓相似，除了竖穴土坑墓以外，主要是简单的长方形砖室墓，后者往往两室并列，夫妻各葬一室。随葬品除陶瓷器外，还有漆器和铜镜，偶尔也有银器。江西、福建省境内的宋墓，有用陶瓷俑随葬的，其中包括十二时辰俑和神煞俑。四川省境内的宋墓，除砖室墓外，还流行石室墓，后者多有雕刻。

元代的仿木建筑结构砖室墓，主要发现于山西省境内。其特点是仿木建筑的结构日趋简化，有些已变成示意性的了。山西省中部地区墓内装饰以壁画为主，题材仍多为开芳宴，但皆在突出墓主人的形象而省略了伎乐的场面。山西省南部地区墓内多饰雕砖，内容多为孝子故事或花卉之类。五代、北宋以来的仿木建筑结构砖室墓，到元代已接近尾声。

南方的元墓沿南宋旧制，多为简单的长方形砖室墓，双室并列，分葬夫妇。作为时代的特点，许多墓里使用石灰、米汁、木炭等以加固墓室、防护棺撑，并在墓底铺松香之类，以利尸体的保存。到了明代，一般官僚地主阶级的砖室墓采取密封棺材，防腐措施又有发展，所以有的墓不仅尸体完好，而且衣冠服饰以及书籍、字画等易朽物品也保存良好。

明清时期，普通墓葬已与今日无异，帝王墓葬继续延续着皇家的风范，在规模、设计上大做文章。关于此点，在后面会有详细介绍，此不赘述。

中国古代陵墓建筑与陵墓雕刻

提到中国古代陵墓，出现在人们印象中的往往是高大的封土和雄伟的山陵，事实上，中国古代陵墓最初是以地面的建筑为主导的。商周时期已有礼仪性的祭祀建筑和守墓护墓建筑，随着经济文化的发展和政治的需要，陵墓祭祀活动发达，到秦汉时期，帝王陵墓前已经有了很大的建筑规模，在固定建筑形式的祭祀功能的同时，更加着意突出帝王皇权的威风煊赫，展示权倾天下的威仪，陵墓建筑成为封建社会中央集权的重要象征。

秦的统一为汉代的社会经济强势发展打下了坚实的基础，也为陵墓建筑的发达树立了先例。汉代立国初便也确立了"非壮丽无以重威"的建筑思想，汉代陵墓建筑规模、建筑形式比其前代亦毫不逊色，从 20 世纪 90 年代发掘的汉景帝阳陵陵区建筑基址看，其面积庞大，建筑分布密集，可以想见当时陵墓的整体气势。

以唐代乾陵为代表的陵墓建筑与雕刻的统一规划与建设，是随着经济文化的发展，人们在实践中对艺术规律总结的结果，是对两种艺术形式相结合所达到的艺术效果的认同和肯定。南朝陵墓的神秘气息、唐陵的雄伟壮大以及宋陵的世俗生活化，都鲜明体现了雕塑的独特作用。

另外，陵墓建筑在直观层面上是以建筑物的高大、结构的精巧复杂、装饰的精美华丽来体现其存在的，无论是享殿、阙楼，还是飞翼般的楼阁、高而大的台阶，都可以看作一种独特的建筑语言，而雕刻更能通过具体的形式点明环境的主题，提升环境的艺术品位，从而更好地烘托建筑的语言。

建筑与雕刻的相互依存又相互补充衬托的关系，在中国古代陵墓建筑实践中不断得到运用与发展，形成了独特的中国陵墓建筑与雕刻艺术形式。

精湛的墓碑与墓志

1. 墓碑的演变

中国碑石文化源远流长，各类墓碑犹如一部部"另类"史书，不仅浩如烟海，而且博大深邃。

墓，民间又叫坟，但墓与坟之间在早期是有严格区别的。先秦时，不封不树、不留地面标记的才叫"墓"，意即"没"，埋到地下就没有了，这是古人下葬的本意。后来，当古人把"墓"理解为谐音"慕"，认为是"孝子所思慕之处"时，墓上便堆起封土，出现了"坟头"。俗话所说的"有坟头好哭"，就是这种葬俗的反映。在西周以前，没有祭墓的礼俗，所以埋葬以后不留标志，也不起坟丘。东周春秋战国时期，已经有坟丘的出现，但不是很普遍。秦朝历史太短，汉朝时候已经特别流行起坟丘了，而且互相攀比，看谁的坟丘起得又高又大。像王侯将相贵族的坟丘都是又高又大，大将军卫青的坟墓像庐山，骠骑将军霍去病的坟墓像祁连山，一般平头老百姓的坟墓，高度也在两三丈。有了坟丘，有钱有势力的人就要在坟墓前建祠堂，设阙，立碑，开神道，竖立石刻石像等，此风气在汉代相当流行。

《说文解字》中对"碑"字下的定义是"竖石也"。古时的碑有多种

《玄秘塔碑》碑文

用途：可以立在庭院中测量日影长短，用作计时工具；也可立在门外用作拴牲口的桩子。先秦古书中提到的碑，都是指这一类长条型的竖石。自秦以后，下葬时也在墓穴四角或两边竖碑。碑的上端凿有圆孔，叫作"穿"，以"穿"为支点并控制平衡，用绳索慢慢地悬棺而下。这种用来平衡下棺的碑有木制的，也有石制的。棺木放入墓穴之后，碑也随之埋入墓中。

从西汉末年开始，有人把石制的碑立在墓前，既不埋于墓中，也不在下葬后撤除，而是在石碑上刻下墓主的官爵姓名，这就成了正式的墓碑。早期的墓碑上部仍有穿，顶端或作方尖形，称为"圭首"；或作圆弧形，刻上云气图案，称为"晕首"。东汉时墓前立碑蔚然成风，许多墓碑除刻有墓主官爵姓名外，还刻上了介绍墓主家世生平事迹并加以颂扬的长篇文字，碑阴则详列立碑人的姓名。

晋代由于墓碑"既私褒美、兴长虚伪、伤财害人"，一度曾予禁止。唐宋时准许一定级别的官员墓前立碑。碑首称碑额，刻有螭、虎、龙、雀等图样，碑身下还有碑座，称为"趺"。当时规定五品以上墓碑为螭首龟趺，高度不得超过九尺（约273.6厘米），七品以上墓碑为圭首方趺，高四尺（约122.8厘米）。明清时更把墓碑的形制作为体现墓主身份的标志，规定更为细致：一品为螭首龟趺，二品为麒麟首龟趺，三品为天禄、辟邪（传说中的两种神兽）首龟趺，四品至七品为圆首方趺，圆首的碑又称"碣"。碑身、碑首的高度、宽度以及趺座的高度也都有等差，最高等级的墓碑通高达一丈六尺（约497.6厘米）。原则上老百姓墓前不许立碑碣，但这种禁令并未得到严格执行，所以一般人死后墓前大多立有石碑，只是较为简单，体积较小，形制简陋，又无趺座而已。

帝王贵族和一些高级官僚墓前辟有竖向的通道，称为神道。如在神道上立碑，就叫神道碑。后世记述墓主家世和生平事迹并加颂扬的文字多刻在神道碑上，立在墓前的碑碣一般只刻官爵、姓氏、名讳。《清通礼》中规定：品官墓碑书"某官某公之墓，妇人则书某封某氏"，八九品以下及庶士碑文曰"某官某之墓，无官则书庶士某之墓，妇称某封氏，无封则称某氏"。

2. 墓志的发展

墓志是指放在墓中的刻有死者生平事迹的石刻。墓志分上下两层，上层称为"盖"，下层称为"底"，底部刻有墓志铭，盖上刻有标题。

中国的墓志起源于秦汉时期，陕西临潼秦始皇陵区出土的建陵刑徒工匠的砖瓦葬铭已开其先河。东汉时期，出现了墓砖、墓门题记、刑徒砖、画像石题记等墓中文字铭刻，都具有墓志的作用，对墓志的形成有一定影响。但一直到东汉末年，由于墓碑盛行，在墓中埋设墓志的做法还不太普遍，墓志的形制及文体也没有定型。

东晋时期，南方墓葬中经常使用墓志，但内容比较简略，有些是方形石质，有些是长方形砖质，只简略记载死者姓名及生卒年。南朝时期，墓志的文体和形制都逐渐完善，不仅内容完整，而且出现了"墓志铭"的名称。南北朝后期，墓志已有了固定的特有形制，一般由志盖和志石两部分组成。志石平面呈正方形，志盖多呈方顶形。此外，还有少量长方形、龟形、圭形的墓志。墓志的文体也形成了一种固定格式，首先叙述死者的姓名、籍贯和家世谱系，再记述死者的生平仕历，颂扬其政绩德行，最后记录死者的卒年、葬日、葬地等，最后附有韵语赞文，以表达思念之情。自北魏以来，北方地区大量使用墓志，尤其在上层社会更为普遍。北朝墓志大多为石质，雕刻精美。最大者可达1米见方，志文达1000字以上，志盖与志侧雕饰有繁缛细致的纹饰，如卷云、神兽、四象、忍冬蔓草、莲花等。书体熔隶法与楷法于一炉，方正刚劲，具有独特的艺术风格，被称作"魏碑体"。

南北朝时期虽出现墓志盖但尚不普遍，隋唐以后，南北朝至隋的墓志上皆不署撰者书者姓名，唐代以后才在志文标题下署撰者书者姓名和官衔。

唐朝墓碑墓志制度承前启后。在碑文的形式上，唐朝受到了以往各代尤其是北朝柩铭、墓砖铭、墓阙铭等的影响，逐渐充实、完善，形成了一种专门的文体。同时，墓前的碑文和墓中的墓志在内容上也逐渐合而为一，一般分为以下三个方面：一为墓主姓名、籍贯、生卒年月、家族谱系和官职履历等；二为生平重要政绩、事迹、品行的评价等；三为在墓志中才出现的铭文，以有韵的四六文撰成，称为"墓志铭"。这种墓志铭不可避免地表现为专为统治阶级歌功颂德，甚至极尽美化粉饰之能事。

唐宋以后，墓碑与墓志逐渐成了一件完整的石雕、书法艺术品。

知识链接

中国古代十大帝王陵墓

1. 成吉思汗陵

位于鄂尔多斯市中部伊金霍洛旗境内，距东胜区65公里，坐落在高高的甘德尔山岗上。

2. 黄帝陵

黄帝陵相传是中华民族的始祖轩辕黄帝的陵园，它位于陕西省延安市黄陵县城北的桥山顶上。

3. 茂陵

茂陵是汉武帝刘彻的陵墓，位于西安市西北40公里处的兴平市城东北南位乡茂陵村。

4. 明十三陵

明十三陵是位于北京西北郊昌平境内的一个著名的陵墓区。这里青山环抱，风景美丽，在方圆约40平方公里的小盆地里，错落有致地分布着明代13个皇帝的陵墓，后人称为明十三陵。

5. 明孝陵

明孝陵在南京市东郊紫金山南麓独龙阜玩珠峰下，茅山西侧，明开国皇帝朱元璋和皇后马氏合葬于此。

6. 唐乾陵

乾陵位于乾县城北6公里的梁山上，东距西安市约80公里。它是唐代第三个皇帝高宗李治和我国历史上唯一的女皇武则天的合葬墓。

7. 清东陵、清西陵

清东陵是中国现存规模最大、体系最完整的古帝陵建筑，共有5座帝陵、4座后陵、5座妃园、1座公主陵。清西陵共有4座帝陵、3座后陵，以及若干座公主、妃子园寝。清初先建陵于唐山市遵化县马兰峪西（东陵），

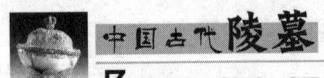

雍正八年（1730年）选保定市易州永宁山下太平峪为陵址（西陵），第二年兴建泰陵。乾隆时有诏定父子不葬一地之制，相间在东西二陵分葬，自此清皇室陵有东、西陵之分。

8. 秦始皇陵

秦始皇陵，位于陕西省西安市以东35公里的临潼区骊山北麓，南依骊山，北临渭水。高大的封冢在巍巍峰峦环抱之中与骊山浑然一体，景色优美，环境独秀。秦始皇陵及兵马俑的发现被誉为"世界第八大奇迹""二十世纪考古史上的伟大发现之一"。秦俑雕塑和制作的工艺，是中国和世界雕塑史上的瑰宝，宣示着我泱泱中华的古老文明。

9. 西夏王陵

西夏王陵位于宁夏回族自治区银川市西约30公里的贺兰山东麓，是我国现存规模最大、地面遗迹保存最为完整的帝王陵园之一，是我国最大的西夏文化遗址。

10. 唐昭陵

唐太宗昭陵是唐朝第二代皇帝李世民的陵墓，是陕西关中"唐十八陵"中规模最大的一座，位于陕西省礼泉县城西北22.5公里的九嵕山上。昭陵园占地面积200平方公里，共有陪葬墓180余座，被誉为"天下名陵"，是中国帝王陵园面积最大，陪葬墓最多的一座。

第二章

先秦时期的陵墓

北京周口店山顶洞人的墓葬说明，在旧石器时代晚期，我国已出现了有意识埋葬死者的行为。从这时起到秦始皇统一并建立帝制以前，是中国传统墓葬形成并朝向制度化发展的阶段。

新石器时代的我国墓葬已有了一定的制度。比如墓坑一般是长方形或方形的竖穴式土坑。在氏族的公共墓地中，数以百计的墓坑排列有序，多数是单身葬，也有不少是合葬。进入父系氏族阶段以后，随葬品逐渐丰富并越来越体现了阶级分化，上层社会的墓葬开始使用"棺椁"，随葬品也越来越朝着"厚葬"的方向发展。

夏商时期我国就出现了具有一定规模的君王陵墓区。这时帝王陵寝的陵区规划、陵园建筑、陵墓形制以及随葬制度已经初具雏形，经过2000余年的发展，到战国时代基本定型。

第一节
中国原始社会陵墓

中国墓葬的最早遗存见于旧石器时代晚期的北京周口店山顶洞人遗址，至新石器时代已有了一定的葬制。自中国有科学考古以来，在上百处墓地发掘出1.3万余座原始社会墓葬，其中70%以上分布在黄河流域。年代较早的新石器时代墓葬，一般墓坑小而浅，墓葬排列有序，多为单人葬，没有发现葬具的痕迹，随葬器物的数量不多，彼此没有显著差别。新石器时代晚期发现了采用木质葬具的大墓，有的随葬上百件陶器，有的随葬较多的玉器，表明墓主生前占有大量财富。辽宁省建平县牛河梁遗址发现的红山文化积石，浙江省余杭县反山遗址发现的良渚文化土墩墓，分别用石块和土堆砌筑而成，是目前所知年代最早又有地面标志的大型丛葬墓。

山顶洞人陵墓

北京周口店山顶洞人的墓葬，是目前已知中国最早的墓葬。

山顶洞人的洞穴分洞口、上室、下室、下窨四个部分，上室为山顶洞人居住的地方，下室即为掩埋死者的葬地。考古工作者在山顶洞遗址所发现的三具完整的人头骨和部分躯干骨，就静静地躺在这里。而且，在他们的周身和周围都撒满火红的赤铁矿粉，还有许多生前用过的器物、佩戴的饰物相陪伴。

第二章 先秦时期的陵墓

知识链接

赤铁矿粉与原始人的灵魂崇拜

考古学家在许多原始文化的遗址，特别是墓葬中都发现过赤铁矿粉。人类学家在许多现代原始部落中也发现了用赤铁矿纷装饰自身的习俗。为什么远古的先民和现代原始部落居民都对赤铁矿粉情有独钟呢？一般认为，赤铁矿粉可能与原始人类的灵魂观念有关。因为许多原始人类都把呼吸的气息以及流通于身体中的血液同灵魂联系在一起。而赤铁矿粉的红色，恰恰是血液的颜色，原始人类可能正是用这种颜色来象征灵魂。同时，这其中可能还蕴含了原始人的审美观念。在山顶洞人这里，赤铁矿粉的红色，很有可能被他们在想象中赋予了生命的意味，因此也就有了审美的意义。

除了赤铁矿粉之外，在死者身旁还放有很多陪葬品。这也是我国迄今发现的最早的陪葬品。比如都散布在死者头骨附近的小石珠，打磨得虽不像今天的珍珠那样滚圆，但大小相近，中心钻有孔眼，显然是为了穿连才下的功夫。也许这本来是一串头饰，曾被死者天天戴在头上。这些小石珠的表面也都用赤铁矿粉染过。

还有一枚穿孔的小砾石，它是用天然椭圆形的微绿色火成岩制成的，两面扁平，一面明显经过人工打磨，光洁平滑，中央对钻成孔，应该也是用来穿绳的，很可能也是一种佩戴的饰物。

此外，还有一串摆放在死者身旁、用兽牙制成的"项链"。兽牙的体积不大，本身通体光滑，是原始人类常见的天然佩挂物。在山顶洞出土的141件装饰品中，兽牙制成的饰物也的确占绝大

山顶洞人的项链

23

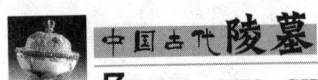

比重，共计 125 件。它们多是獾、狐、鹿、野狸、小食肉动物的牙齿，一律都在牙根部位的两面对挖成孔，显然是要派上用场的。此外，还有 3 个海蚶壳、4 根鸟骨管、1 个鲩鱼眼上骨，也都是钻有孔眼的。其中有 5 枚兽牙，出土时仍可见规则的半圆形排列。

从种种迹象可以推知：山顶洞人已经开始思考肉体和灵魂、生命和病死等问题，并初步得出了灵魂不死的结论。

知识链接

原始人的灵魂观念

灵魂是普遍支配史前人类精神活动的原始宗教观念。他们从睡眠、做梦、出神、幻觉、疾病、死亡这些生理现象中，感受到一种超越自我又与自我紧密联系的精神状态，于是就产生了灵魂不死的观念。

灵魂不死，就意味着死者可能还会在另一个世界生活，而如果这位死者，又是自己氏族或家庭的亲密成员，这就需要生者对他加以呵护和关爱；反过来，死者的灵魂对于关系亲密的生者也不可能没有影响。原始人类通常把死去的亲人埋葬在居住地周围，并做出了一系列生活安排，应该就是他们这种思考的结果。

仰韶文化的陵墓

分布于黄河流域的仰韶文化，距今 7000—5000 年，处于母系氏族社会向父系氏族社会过渡时期。仰韶文化居民死后按一定的葬俗埋葬。

至今，考古工作者发掘到属于这种文化类型的墓葬共 2000 多座，其中大多数是土坑葬，墓坑多为长方形。

以早期的西安半坡村墓地为例，我们可以看到仰韶文化墓葬的一般形制。

第二章　先秦时期的陵墓

这处墓葬现位于西安东郊的半坡村。从1954年开始，中国科学院考古研究所的工作人员便在此挖掘，至1957年夏天结束，总计发掘面积1万平方米，发现半坡氏族的较完整的房屋遗迹40多处，各种墓葬250座，获得生产工具及生活用具有万件之多。

其中，成人墓葬174座，儿童墓葬76座。成人墓在整个遗址中处于聚落居址之外，但并不太远，属于公共墓地，集中在大沟外北部，一小部分在沟外东部和东南部，只有两座屈肢人骨架在居住区的窖穴中。儿童墓则埋在居住区房屋的近旁，有73座是瓮棺葬，两座无葬具，另一座以成人的葬法埋葬。

墓坑的界线不分明，只有一座四人合葬墓可以找到三边的坑缘。可以推知当时的墓坑是一个凹槽，能容下尸体和随葬品即可。

174座成人墓中，保存较完整的有118座，其中有随葬品的71座。墓葬坑位的排列，在北部相当整齐，几乎是纵横排成相当整齐的行列，间距约1米，也有近0.5米的。东部和南部比较零乱，但上下叠压情况并不多。

半坡遗址中的墓葬

成人墓基本没有葬具，且绝大多数是单人葬，只有一座四人合葬墓和一座二人合葬墓。成人墓中有 94 座为仰身直肢葬，15 座俯身葬，4 座屈肢葬，另有 5 座属于二次葬（指对人体尸骸做二重处理）。在葬式中有一种现象是值得注意的，即"割体葬仪"，它可能是偶然的现象，也可能是当时的一种埋葬习俗。如 M66 坑内葬者很显然是先将下腿骨砍断后，再与大腿骨放在一块埋葬的。M83 坑内葬者腿骨也不全，更多的是一些骨架没有手指，但在随葬的钵内或填土中，却往往发现有零星的指骨。

成人埋葬的头向较一致，绝大部分是头向西的，其余头向东的一个，向北的 9 个，向南的 7 个。向西的方位，大部分在北偏西 80°至 90°之间。死者的头都朝同一方向，这也许是人们心目中鬼魂应飞升的方向，显示了人们心目中的灵魂寄托。

成人墓葬中，有 71 座墓葬发现了随葬品，共出土 308 件。随葬品的类别有生产工具、生活用具和装饰品，其中以陶制的容器为最多，共 277 件，装饰品次之，有随葬工具的是极个别的现象，仅有石球、穿孔蚌刀和陶锉各 1 件。陶器大多数在下肢和脚骨的上面，放得很规整，只有很少例外。单人墓的随葬陶器数目不一，少则 1 个，多则 10 个，以五六个的最常见，7 个以上的较少。装饰品一般放置在佩戴的部位，如耳下、腰间或手上。

合葬墓随葬陶器较多，其中四人合葬的一座是四个女性葬在一起，年纪都很轻，十四五岁，有钵 7 件、粗陶罐 4 件、尖底瓶 2 件、盆 1 件及 3 个钵的残片，共 17 件，从每个人的腿上都压有器物来看，随葬品似乎有些专属。两人合葬的一座是两个男人合葬在一起，随葬罐 2 件、壶件 2、钵 4 件，平均每人 2 钵 1 壶 1 罐。

随葬陶器的组合也有一定规律，是按生活习惯和用途配置的，有做炊器或者贮藏用的粗陶罐，有做水器用的尖底瓶和各种壶类，还有覆盖东西和盛物用的钵，器型共有 21 种。小孩墓葬绝大多数是用陶瓮做葬具的瓮棺，另用盆或钵做盖子，这些器物与遗址中出土的其他陶器相同，说明都是日常使用的东西，并非为死者特制的葬具。

瓮棺葬共发现 73 座，其中有 6 座在居住区的外面，其他 67 座全部埋葬于当时住宅的房边或其附近。之所以将未成年即夭折的儿童埋于住房附近，不进公共墓地，是因为夭折者不能成为祖先，不具备作为氏族种源和祭祀对象的资格。

第二章 先秦时期的陵墓

半坡遗址中的瓮棺葬

每个瓮棺只埋葬一个小孩，骨架的头向与瓮棺口部的方向大体是一致的，且大多朝向西方，与成人相同。而且绝大部分作为瓮棺的盖子的盆或钵的底部中间都有一个小孔，这与当时人们对灵魂的信仰有关，这些小孔是供灵魂出入用的。

瓮棺下葬时，先在地面上挖一坑穴，这种坑穴有两种：一种是圆形而深的竖穴，另一种是呈倾斜的浅洼坑。以前一种为多。

仰韶文化中期开始出现了木制葬具。其中半坡遗址125号墓中发现了用木板围拢尸体的形式，可以看作木棺葬的雏形。

到了仰韶文化晚期，可能开始出现了用活人为死人殉葬的现象。

河南濮阳西水坡仰韶文化遗址，是一处仰韶文化晚期的文化遗存。该文化已经明显进入父系社会，并出现了阶级分化。其中的45号墓，墓主人为一壮年男性，身长1.84米，仰身直肢葬，头南足北，埋于墓室的正中。在其左右两侧，有用蚌壳精心摆塑的龙虎图案。这一现象在仰韶文化墓葬中多有发现。但值得注意的是，在墓室的东、西、北三面各有一个小龛。东、西两面的小龛为平面弧形，北面的小龛为长方形。三个小龛内各埋有一个人。这三人年龄较小，均为非正常死亡。

东部龛内的人骨，头向南，仰身直肢葬，骨架保存得不好，性别不详。西面龛内的人骨身长 1.15 米，头向西南，仰身直肢葬，两手压于骨盆下，性别为女性，年龄在 12 岁左右。头部有刀砍的痕迹。北面龛内的人骨，身长约 1.65 米，头朝东南，仰身直肢葬，两手压在骨盆下。年龄在 16 岁左右，骨骼粗壮，

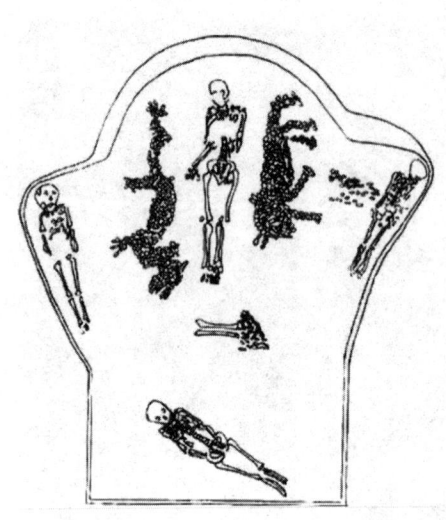

河南濮阳西水坡仰韶文化 45 号墓示意图

性别为男性。

有一种说法认为，这座墓葬是我国所知最早采用人殉的墓葬。但由于墓主和小龛在地层上稍有差异，也有主张认为他们的下葬时间并不一致，因此不宜看作殉葬。

大汶口文化和龙山文化的木棺

大汶口文化是我国新石器时代后期父系氏族社会的典型文化形态，延续时间在公元前 4300—前 2500 年。大汶口文化以泰山地区为中心，东起黄海之滨，西到鲁西平原东部及河南少数地区，北至渤海南岸，南及今安徽的淮北一带。

大汶口文化的墓葬多埋于集中的墓地，墓地中的墓葬排列有序，死者头向一致。墓室多为长方形竖穴土坑，葬式一般为单人仰身直肢葬，也有二人合葬或多人合葬的。多人合葬，少则三人，多则二十三人。二人合葬墓有同性合葬，反映了氏族成员间的血缘关系；也有异性合葬，反映了父权制确立后夫妻合葬的风俗。此外，还有一次葬或二次葬的合葬墓，还发现了一些无头葬、无尸葬和"迁出葬"（即将墓内部分骨骼迁移他处，而在原葬墓内仍保留死者的部分骨骼）。葬式除仰身直肢以外，还有屈肢葬、俯身葬和重叠

第二章 先秦时期的陵墓

葬等。

大汶口文化的早期墓葬无葬具,中、晚期开始出现木椁。例如,山东泰安大汶口10号墓有明显的"井"字形木椁痕迹。山东邹县野店遗址51号墓,不仅有木椁,而且还内套框式木棺,可以看作后代"内棺外椁"制度的雏形。

大汶口文化墓葬的规格差别也极大,墓内多数无随葬品,少数有随葬品的墓,随葬品的多少悬殊不一,少则一两件,多则上百件。大墓不但规模大,而且常有木椁葬具,随葬品丰富精美,如有洁净的白陶、乌黑而略带光泽的黑陶和优雅的彩陶,还有玉器、石器、象牙器、骨器等。小墓墓坑窄小,有的仅随葬1件陶鼎或再加1件獐牙。大小墓随葬品数量和种类的鲜明对比,表明私有制产生,贫富分化日趋严重。

龙山文化距今4350—3950年,分布于河南、陕西、山东、陕西南部等省,东到黄海海岸,西至甘肃,北到辽东半岛渤海沿岸,南到鄂、皖、苏三省北部。龙山文化处于中国新石器时代晚期,农业和畜牧业较仰韶文化有了很大的发展,生产工具的数量及种类均大为增长,快轮制陶技术比较普遍,大大提高了生产效率。同时,占卜等巫术活动亦较为盛行。晚期已经出现了城墙和宫殿。从社会形态看,龙山文化已经进入了父权制社会,私有财产已经出现,开始跨入阶级社会门槛。

龙山文化墓葬的墓地均较小,可以推断其更多是以家族而非部族为单位。墓葬形制、葬具、随葬品差异悬殊。一部分大墓随葬品丰富,有棺有椁,显得豪华而高贵,并往往随葬有象征权力的石钺或玉钺,或者象征宗教的玉琮、玉璧。而与之形成鲜明对比的小墓,则无棺无椁,随葬品很少或者没有,有些墓圹极小,仅能容身。一般为单人葬,少见夫妻合葬。

龙山文化晚期的代表类型——山西

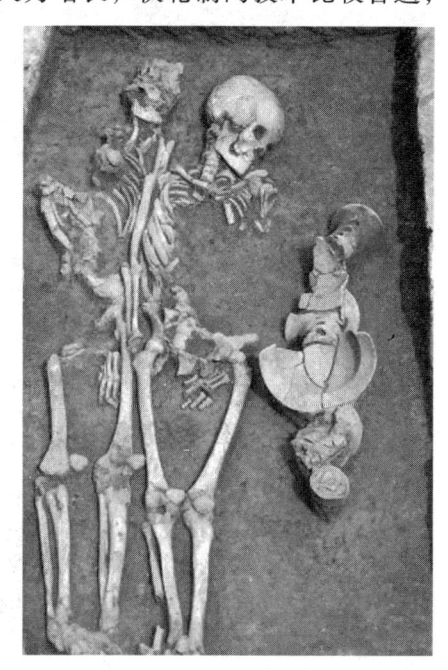

大汶口文化的合葬墓

襄汾陶寺遗址 22 号墓是一座高等级墓葬。墓主人的棺是由一根整木挖凿出来的船形棺，长约 2.7 米、宽 1.2 米、残高 0.16～0.3 米、板厚 0.03 米。出土随葬品 72 件（套），其中包括彩绘陶器 8 件，玉石器 18 件套，骨镞 8 组，漆木器 25 件，另有 6 件玉石的漆木柄，红彩草编物 2 件，另有猪 10 头，公猪下颌 1 件。

从整个龙山文化墓葬中可以看到，非正常死亡和死后得不到正常埋葬的"灰坑"在不断增多，坑内大多是人骨架凌乱，相互叠压，有的还被砍头，身首异处，或被腰斩，或被剁去双脚。从有些尸体中还可以看到被砸伤、砍伤，甚至是被捆绑活埋的迹象。这些死者应该看作"人牲"，即为了祭祀祖先或神灵而被杀掉的奴隶或俘虏。

齐家文化墓葬中的人殉

到了原始社会末期，土坑葬已遍及黄河流域、东南沿海及东北广大地区。与父系社会相适应，出现了一男一女或一男多女的合葬现象。而且这些合葬墓多属于带有人殉的墓葬。其中，以甘肃武威皇娘娘台齐家文化的墓葬最具代表性。

齐家文化距今 4000 年左右，处于原始社会开始解体、奴隶制国家形成的过程中。以甘肃中部为中心的齐家文化，处在黄河农业文化与北方草原文化的接合部。它一方面受到来自东方的中原龙山文化的影响，另一方面首当其冲地面迎北方草原文化和西方文化的冲击，成为东西方文化率先接触的地区，并且形成了齐家文化多元因素的特色。

甘肃武威皇娘娘台齐家文化的墓葬遗址很多，分布与窖穴和住房交织

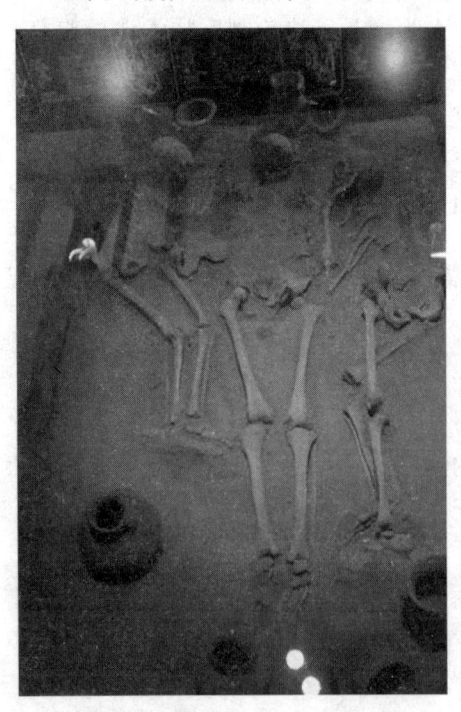

甘肃武威皇娘娘台齐家文化人殉墓

在一起，有些直接利用废弃后的窖穴作为墓葬。葬式有侧卧屈肢，仰卧屈肢、仰卧伸肢，也有单人、双人及多人葬，个别的有二次葬。随葬品数目较多，且按身份地位不同而有所增减。如陶器少者一两件，多达 37 件；玉石璧少的只有 1 件，多者 83 件。各处墓地中普遍出现了成年男女合葬墓。其中 48 号墓，为成年一男二女的合葬墓，男性为仰身直肢，位于墓穴的中央，是墓主人。二女分列于男性的两侧，侧身屈肢而面向男性，表现出女子对男子的服侍奉侍之意。在男性尸骨的身上和周围，集中地随葬了 80 多件玉石璧，鲜明地反映出当时社会贵贱等级分明，男性居于统治地位，而女性处于从属地位，由此说明，齐家文化已进入父系社会。在甘肃广河县齐家坪、永靖县积石山秦魏家等齐家文化墓地中，都发现了殉葬墓，有的身首分离，有的肢体不全，有的无头，这是阶级出现的象征。

第二节 夏商时代的陵墓

二里头文化的陵墓

二里头文化是中原地区最早进入青铜时代的考古学文化，其社会发展水平已经进入国家阶段，同时它也是探索中国历史上第一个王朝——夏朝及其文化的主要考古学依据。

二里头文化距今 3800—3500 年，其分布中心是河南中、西部的郑州、洛阳地区和山西省西南部的运城、临汾地区，西至陕西关中东部、丹江上游的商州地区，南达豫鄂两省交界的地带，东到豫东开封地区，北抵豫北沁河岸边。

二里头文化于 1953 年首先在河南省登封县王村遗址发现。1954 年至 1957

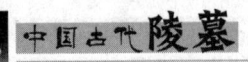

年间，在洛阳东干沟村附近又曾几次发现属于这种文化的墓葬与灰坑。紧接着，在郑州洛达庙、巩县稍砦、偃师灰咀和二里头、渑池鹿寺、陕县七里铺等地都发现了同一类型的古文化遗存。1959—1960年，中国科学院考古研究所对二里头遗址进行了全面、系统的考古发掘，发现了早期的城址、宫殿建筑、村落、墓葬群，还有一些铜器冶铸、制石制陶、制骨的手工业作坊，出土了大批陶器、石器、早期青铜器、玉器、象牙雕刻器和漆器等。经过多年的研究和争论，学术界最终确认：这是迄今可确认的中国最早的王朝都城遗址，发现有迄今所知中国最早的大型宫殿建筑群、最早的宫城、最早的青铜礼器群及铸铜作坊，还发现了最早的车辙痕迹，将中国发明双轮车辆的年代向前推了300多年。

属于二里头文化的遗址至今已发现了不少于250处，经过正式发掘的约50多处。其中最能代表这种文化的是河南省偃师市二里头遗址。

墓葬堪称二里头文化最重要的物质遗存。自二里头文化遗存发现至今，已发现500多座墓葬，其中仅二里头遗址共发现墓葬400余座，其他遗址也发现了100多座。结合陵墓面积、葬具和随葬品的情况来看，可以把二里头文化中小型墓葬划分为如下几个等级。

第一等级的墓葬为竖穴土坑墓，墓穴面积多在2平方米以上，长度一般在2米以上，宽度在1米左右。随葬有青铜礼器、玉礼器、绿松石器和比较

二里头遗址发掘现场

精致的陶礼器（如白陶器），往往还随葬有漆器和圆陶片，圆陶片的数量一般与墓葬随葬品的丰富程度成正比。有的墓葬还随葬了较多海贝。墓中一般铺撒朱砂，多发现有木棺，有的为漆棺。

第二等级墓葬可分两类：

第一类为竖穴土坑墓，墓穴面积一般在 1.2 平方米以上，有较多朱砂，一般随葬成组的陶质酒器、玉礼器和圆陶片，或者一定数量的玉器、绿松石器饰品，有的随葬漆器、海贝。经常发现木质葬具的痕迹。

第二类为竖穴土坑墓，墓穴面积多数在 1 平方米左右，随葬有陶质酒礼器等。有的墓随葬有少量小件玉器、绿松石器饰品、漆器等，偶尔有石质柄形器、石钺等或海贝。部分墓中有木棺、朱砂。

这两个等级的墓主可能分别为中、小贵族。

第三等级也分为两类：

第一类为竖穴土坑墓，墓穴面积 1 平方米左右，基本无木质葬具，有少量的墓有朱砂。随葬少量日用陶器或其他生活用品，基本不见陶质酒礼器。

第二类为窑洞墓，即葬死者于废弃窑洞中，仅见于东下冯遗址。

第四等级的墓葬亦为竖穴土坑墓，墓穴面积一般在 0.8 平方米以下，无随葬品。

这两个等级的墓葬，墓主可能为贫富略有差别的平民。

第五级墓葬为乱葬墓。这一类墓葬在某种程度上不能算作墓葬。因为这些死者并没有正常的墓穴，而是弃置于灰坑或地层中，这些灰坑或是专意挖成的圆形浅穴，或为废弃的窖穴，或是一般的灰坑、灰沟。葬式有的是单人独葬，有的是多人丛葬，有的尸骨完整，有的则凌乱不全甚至身首异处。

这一级别"陵墓"埋葬的可能为战俘和奴隶，也不排除是受特定刑罚的平民以上阶层的社会成员。

通过上面的介绍，我们可以看到：二里头文化的墓葬等级反映在墓葬的规模大小、葬具、随葬器物的多寡有无和器物的材质、组合以及精美程度的差异上。高等级的墓葬规模较大，随葬青铜礼器、玉器、陶礼器、漆器等，基本都有木棺作为葬具，有的甚至使用漆棺；下层贵族墓或较高身份的平民多使用陶礼器，身份略高者使用木棺和少量的玉器、漆器等；平民墓则只能使用罐、盆、豆等各种日用陶器，甚至随葬品一无所有；乱葬墓则多位于灰坑和灰土层中，死者身份更低，多数身首异处，遭到肢解，他们的生死由人

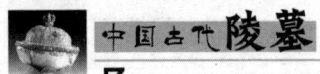

予夺，无疑处于社会的最底层。很明显，二里头文化不同等级墓葬的死者身份尊卑有别、贵贱不一，随葬器物的使用受到严格限制，已经形成了一定的制度。

此外，有无青铜礼器以及数量的多少也已成为等级身份的核心特征：第一级墓中普遍使用青铜礼器、玉礼器、陶礼器、漆礼器；第二级墓中陶礼器使用则最为普遍，等级稍高的墓中还使用玉礼器、漆器等，只不过数量较之第一级墓有所递减；第三级以下墓葬则只见日用陶器而无其他。

最后还需要指出的是，在二里头文化分布的广大区域内，墓葬等级和不同遗址的等级具有相对应的关系。第一等级墓葬仅发现于二里头遗址，在其他遗址中均未发现。

商代王陵

商代是中国青铜时代的盛期，社会生产力有了较高程度的发展，以商王为首的奴隶主贵族统治着庞大的国家。

商代墓葬地面没有隆起的封土堆，尸体的放置方式主要是仰身直肢。无论是贵族还是平民的墓，墓主都只有一人，尚未发现夫妻合葬的情况。在商代的墓葬制度中存在着严格的阶级和等级差别，尤其是商王的陵墓，规模巨大，随葬品较多，人牲和人殉的数量也很多。

自汤立国至盘庚，其间共历10世19王，这一时期商朝的国都和王族陵墓至今也没有发现。自盘庚迁都于殷至纣王灭国（公元前14世纪末—公元前11世纪），这273年间再未迁都，其间共经8世12王。国都遗址后世称为殷墟，在今河南省安阳市西北郊洹河两岸，南岸是宫殿区、居民区和手工业区，北岸是王陵区，总面积约24平方公里。

王陵区位于武官村和侯家庄以北的西北冈。这里地势稍高，隔河与小屯宫殿区相望，范围东西长约450米、南北宽约250米，现已发现大墓13座，分为东西两区，东区五座、西区八座。1934年至1935年及1950年以后共发掘了12座，其中一座是建造以后并未使用的空墓，由于文献不足，尚不能考证其各自的墓主。这些大墓中仅有几座的墓道之间有互相打破现象，但绝无墓室相互打破者，可见这些大墓都是事先按一定布局排列的。在陵墓区域内，发现有少数中型墓和大量小型墓，应属于大墓的陪葬墓和殉葬坑。东区还有大量的祭祀葬坑。

商代王墓都属土坑竖穴墓，带有墓道，按照平面形状可分为"亚字形"、"中字型"和"甲字形"三种。亚字型大墓发现8座，每座墓室四面各有一条墓道，南墓道最长，墓室平面呈亚字形或方形。中字形大墓南北各有一条墓道，墓室平面呈长方形，共发现3座。甲字形大墓仅发现一座，南边有一条墓道，墓室平面呈长方形，传说司母戊鼎就出于此墓。墓道有斜坡状和台阶状两种，长11~60米。墓室和墓道的面积大部分为400~800平方米，深多在10米以上，其中规模最大的为1217号墓，四面各有一条墓道，墓室平面呈亚字形，总面积达1803.54平方米，其规模为同期普通墓葬的千余倍。

商王墓葬中的葬具均为棺椁。椁室平面呈方形或亚字形。1001号大墓的椁室平面呈亚字形，高约3米。底部铺设木板，四壁用木板搭接，木板宽约0.4米，长2.6~3.9米，最长达6米，外面雕刻有花纹图案。武官村大墓椁室平面呈长方形，四壁用九层原木交叠筑成"井"字形，底部及顶部也用原木铺盖，椁顶上铺土一层，再盖一层雕花涂朱的木板，椁内置棺。

商王陵地面上没有封土坟丘。1976年发掘的妇好墓墓主是武丁的配偶，墓口上面有房基一座，平面呈长方形，大小与墓口接近。面上排列有较规整的柱穴，这应是当时为祭祀墓主而建造的享堂或寝殿类建筑，是迄今发现的最早的同类建筑。

商王陵历经多次盗

侯家庄1001号大墓椁室

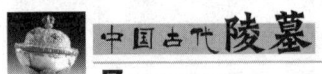

掘，随葬器物几乎被盗尽，仅墓道和殉葬坑内还残存少量器物或残片，其中不少精品已流落海外各地。王陵内的随葬品包括青铜礼器、兵器、工具、车马器、玉、石、骨、角、象牙、白陶等质地的生活用具和各种装饰品。种类繁多，制作精美，几乎包括了死者生前享用的所有贵重物品，其中许多是我国的文化瑰宝。如1104号墓出土的鹿方鼎和牛方鼎，分别高60.9厘米和73.3厘米，重60.4千克和110.4千克，堪称王室重器；而司母戊鼎是已发现的商代最重的青铜器，重约700千克。

商代后期，使用人牲和人殉的现象已相当普遍。人牲是把人当作牲畜一样杀死后祭祀祖先和山川神灵，被杀的人多为战俘和奴隶。人殉则是为王室贵族从死殉葬的人，其中有陪臣、嬖妾、侍卫、亲信和仆役。商代时，除了在建筑奠基及一些祭祀仪式时使用人牲外，王陵中使用的人殉和人牲不但数量多，处置形式也最为残酷。这些人牲人殉分别埋葬在墓底、撑室外的夯土台（二层台）及墓道和填土中。1001号墓底、撑室周围共殉人23人；另外东、南墓道及东耳室有无头躯体61具，皆分组排列；四条墓道中还有人头骨73个，也分组排列。这些无头躯体和人头骨应该都是为墓主举行葬礼时被杀

妇好墓墓坑

的人牲。墓东侧有陪葬坑 31 个，其中 22 个坑共埋人殉 68 人。最大的陪葬坑内有棺撑葬具，二层台上也有殉葬人，可见当时等级之森严。统计下来，该墓内的人殉和人牲达 160 多人。

商代其他王室贵族和方国国君的墓葬规模稍逊于商王墓，但也具有相当规模。这些墓葬也有亚字形、中字形、甲字形三种形制，也都采用木材筑成椁室。一般而言，亚字形墓的椁室，平面呈亚字形或方形，其余各种类型的墓，椁室平面呈长方形，敛尸的葬具都是木棺，放在椁室正中。大贵族墓葬的面积可达 20 多平方米，一般小贵族的墓面积往往不足 10 平方米。

商代方国国君的陵墓已发现的有山东省青州市苏埠屯墓地 1 号墓。这处墓地位于苏埠屯村东的岭阜上，高出附近地面约 5 米，已发掘商代墓葬 10 座。墓室形制类似殷墟王陵，为长方形竖穴，有的有墓道。墓道有一条、两条和四条三种。其中 1 号墓是一座带有四条墓道的平面亚字形大墓。墓口南北长 15 米，东西宽 10.7 米，深 8.25 米。南墓道呈斜坡状，长 26.1 米，宽约 3 米，其他三条墓道做阶梯状。墓室壁面平整，中部放置亚字形木椁，墓底有腰坑和奠基坑各一个。木椁由厚约 13 厘米的木板构成，长宽均为 4.55 米，高 2 米。椁下面铺一层木炭，厚 415 厘米。墓内有人殉、人牲 48 个。腰坑、奠基坑内各埋殉 1 人。东西二层台殉人 7 具，各有木棺，生前身份应属姬妾、侍卫之类。墓道有人牲 39 人，分三层叠置，其中全躯 14 具，头颅 25 个，全是儿童。他们是被杀死后献祭的，其身份似为俘虏或奴隶的子女。该墓曾经被盗，发掘时尚残存铜、陶、石、玉器多件。

商代贵族墓葬已经开始出现了配套的地面建筑。在安阳侯家庄的一座亚字形墓的墓室之上，发现了大型的砾石，应是房屋的础石。在安阳小屯的妇好墓和大司空村的两座长方形墓的墓坑上，都发现了用夯土筑成的房基及础石。这些在地面上建筑的房屋可能就是供祭祀用的，类似后世的所谓"享堂"。

该墓形制、规模及殉葬人数与安阳的商王陵墓相近。年代大致相当于殷墟晚期。据《左传·昭公二十年》和《汉书·地理志》记载，商末周初这一带为薄姑氏所居，推测该墓应是薄姑氏君主的陵墓。

商代绝大多数平民墓葬都是没有墓道的长方形竖穴式土坑。墓的面积也很小，有的甚至不足 2 平方米。有的有棺有椁，有的有棺无椁。墓内往往设有埋狗殉葬的腰坑。

第三节
周代陵墓

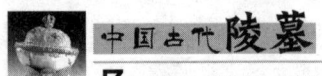

西周自周文王至周幽王共历13王，东周自周平王至周赧王共历25王。关于西周与东周天子的陵墓，史书记载简略不全。洛阳金村和王城发现的战国时期周王室大墓，有可能是周王和西周诸公的陵墓。

周平王东迁以后，东周王室衰微，在政治上、军事上形成了诸侯争霸局面。在丧葬制度上也出现了"礼崩乐坏"的情况，各国诸侯纷纷仿效天子，超越原有礼制规定，修建宏大的陵墓，随葬众多的器物。周代诸侯墓已经发掘出许多，如北京市房山区燕侯墓和河北省易县燕王墓，山西省曲沃县晋侯墓，河南省浚县卫侯墓，河南省三门峡市虢国贵族墓，山东省淄博市临淄故城齐公墓和田齐王陵，河南省新郑县郑公墓，安徽省寿县及淮南市蔡侯墓，陕西省凤翔县及临潼县秦公陵墓，湖北省随州市曾侯乙墓，河南省辉县魏王墓，河北省邯郸市赵王陵，河南省淮阳县及安徽省长丰县楚王墓，河北省平山县中山王墓等。这些陵墓多数属东周时期，其中一部分经过考古发掘，年代、墓主比较明确，比较全面地反映了当时上层贵族的丧葬制度。

两周时期的诸侯国君承袭商代制度，都有独立的陵区。陵区的位置多在国都城外，也有一部分在国都城内。一般而言，国力较强的诸侯国，其国君墓地均在国都城外；而国力较弱的诸侯国一般会把国君墓地安排在国都城内，而且为了陵墓安全，常位于都城内一隅。

有的国君陵墓，如秦公陵墓、秦东陵和赵王陵中已发现陵园。陵园平面大多呈方形，四周有的利用天然沟崖，有的开挖壕沟，有的夯筑垣墙。每个陵园内多数埋葬一代君主，另有陪葬墓和陪葬坑。

周代王侯墓继承了商代墓上建"享堂"的遗风，而且诸侯国君墓中已经出现夫妻同墓异穴合葬形式,战国时期这种制度更为流行。这种合葬墓大部分是两墓并列,一大一小,少数是一夫两妻并列;墓室都为土坑式,大部分有两个墓道,平面呈中字形;有的只有一个墓道,个别的没墓道或有四个墓道;陵墓附近都设车马坑,埋葬有真车真马。

周代墓葬开始出现了防盗措施。北方地区多在墓室内积石、积炭或积砂,南方地区则流行在墓室内填充青膏泥。陵墓中的随葬品以成套的礼乐器等各种青铜器为主,礼器中又以鼎和簋最为重要,它们的数量和组合标志着墓主身份地位的高低。杀人殉葬的制度在两周时期一直存在,但数量呈逐渐减少的趋势。

西周时期的陵墓

西周的墓制承袭商代。但到目前为止,考古工作者尚未发现西周王陵。从已发掘的西周诸侯和其他贵族墓葬来看,有的是设有两个墓道的"中字形墓",有的是设有一个墓道的"甲字形墓",形制与商代的陵墓相似。比如河南省浚县辛村卫国墓地多系"中字形墓"。此外,绝大多数的墓仅有长方形的墓室,不设墓道,它们的规模因墓主人的身份不同而有很大的差别。西周墓葬也多在墓底设腰坑。

据《周礼》等古代文献记载,周代的棺椁制度有严格的等级,即所谓"天子棺椁七重,诸侯五重,大夫三重,士再重"。考古发掘工作研究证明,有些大、中型贵族墓葬,在椁室内置双重棺,可见记载大体上是可信的。诸侯、贵族墓的随葬品,仍以各种青铜礼器为主,但和商代相比,酒器减少,食器增多。在各种食器之中,鼎是最重要的。周代的礼制规定,天子用九鼎,诸侯用七鼎,大夫用五鼎,士用三鼎或一鼎。到了东周,则是天子、诸侯用九鼎,卿用七鼎,大夫用五鼎,士用三鼎或一鼎。这在考古发掘中也得到了证实。例如,在河南省陕县上村岭虢国墓地中,有一些大型和中型的贵族墓分别随葬七鼎、五鼎、三鼎或一鼎;墓的规模也依次减小。其中"七鼎墓"已被证实为虢国太子墓。

与商代一样,西周时往往在诸侯、贵族墓附近设有"车马坑",其规模视墓主人的身份而定。以上述虢国墓地为例,虢太子墓的车马坑埋车10辆、马20匹,两座"五鼎墓"的车马坑各埋车5辆、马10匹。浚县卫侯墓的车马坑，规模最大的埋车12辆、马72匹。殉人在西周前期仍很普遍，中期以后稍有减少。但直到春秋战国时代，有些大墓依然使用人殉。

发掘工作证明，西周已经有了合葬制度，其方式为夫妻分别葬在两个互相紧靠的墓坑中，即所谓"异穴合葬"。陕西省宝鸡茹家庄西周中期的伯墓及其夫人井姬墓即为实证。

下面介绍几座较有代表性的诸侯王墓。

1. 燕侯墓

燕是周初武王分封的一个诸侯。燕侯墓地位于北京市房山区琉璃河遗址东部，西北为西周时期燕国都城遗址。在这里先后发掘过带一条墓道、两条墓道或四条墓道的大墓多座。这些大墓分布在约5万平方米的范围内，排列没有一定规律。大型墓和部分中型墓有"车马坑"，多在主墓北面。有的整车平放，杀死的马放在车辕两侧；有的先将杀死的马排放在坑底，再将拆开的车部件放置其上，车轮斜倚坑壁。1986年发掘的1193号墓是其中最大的一座。墓室口大底小，口长7.68米，宽5.35米，四壁整齐。墓室的四角上各有一条墓道，均为斜坡式，长4.05~5.55米，宽1米左右。这种在四角开设墓道的形制在其他地方尚未发现过。椁用方木构筑，四壁由五六块叠置，椁顶用13块覆盖，底用9块平铺。部分随葬品放在椁上，填土夯筑以前普遍盖有草席。

墓地出土多件带"匽（燕）侯"铭文的铜器，有的铭文记

北京琉璃河燕侯墓车马坑

述了燕侯赏赐下属奴隶、货贝的事件。其中一件铜鼎记载了使臣奉燕侯之命前往宗周向太保召公贡献食物并受到赏赐一事，可与文献所载召公以长子封于燕、本人仍在宗周辅佑王室的史实相印证。

2. 晋侯墓

周成王封其弟叔虞于唐地，后叔虞子燮改国号为晋，称晋侯。自此之后至公元前403年三家分晋，前后立国600余年。晋曾多次迁都，且说法不一。在今天山西曲沃和翼城交界处的天马村和曲村之间有一处大型遗址，时代以西周时期为主。通过多次考古发掘，一些学者认为该遗址的时代为西周至春秋时期，晋献公八年（前668年）迁都于绛之前，晋国早期的都城就在此地。晋国公室墓地在遗址东部，墓地东西长约180米，南北长约140米，其中晋侯及其夫人的墓葬17座。其中16座墓葬分南北两排，每排8座，两座为一组，方向基本为南北向。这8组墓依时代从早至晚依次排列，连接紧密，并无空缺，当为依世系继承的八代晋侯。根据出土遗物判断，年代最早的墓相当于西周中期偏早阶段，即穆王前后；最晚的墓已入春秋时期。从出土铜器铭文中已经发现六位晋侯的名字，其中晋献侯苏的名字与《史记》记载一致。根据各组墓的先后顺序，结合《史记·晋世家》所载晋侯世系，可以确定八组墓的墓主为父子相承的八代晋侯，即武侯、成侯、厉侯、靖侯、釐侯（公元前840—前823年在位）、献侯（公元前822—前812年在位）、穆侯（公元前811—前785年在位）、文侯（公元前780—前746年在位）。

知识链接

"桐叶封弟"的故事

周武王姬发驾崩后，年幼的太子姬诵在叔父周公姬旦的扶助下做了国君，史称周成王。

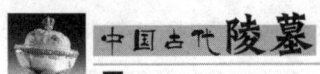

有一次，成王和弟弟叔虞一起在宫中玩耍。他随手捡起了一片落在地上的桐叶，把它剪成玉圭形，送给了叔虞，并且做出在朝堂上的样子说："这个玉圭是我送给你的，我要封你到唐国去做诸侯。"周公听说了这件事，来见成王，问道："你要分封叔虞吗？"成王说："那是我跟弟弟说着玩的。"周公却认真地说："天子无戏言啊！"成王听从了周公的教导，选择吉日，把叔虞正式封为唐国的诸侯，史称唐叔虞。叔虞长大后，励精图治，以自己的智慧才干，带领百姓兴修水利，改良农田，大力发展农业，使唐国百姓逐渐过上了安居乐业的生活，成为唐人爱戴的有为郡主。唐叔虞死后，他的儿子燮继位。因为境内有晋水，便改国号为"晋"。

　　每组墓的规模男性墓大，女性墓小，属夫妻异穴合葬。大者随葬器物中铜礼器多，而且有武器、乐器。小者随葬器物中礼器少，不见武器和乐器，一般有大量玉石器。尸身皆仰身直肢。

　　墓室都为南北长的长方形竖穴，均有墓道。墓道有一条和两条两种，整体平面呈甲字和中字形。葬具有一椁一棺、一椁二棺和一椁三棺三种。椁室系在墓下组装而成，一般长4米，宽3米左右，高约2米。椁内壁悬挂有铜鱼、石鱼、铜铃、海贝等饰物。椁底下放置垫木2~3根不等，棺均髹漆并彩绘。多数墓的底部、椁顶和椁周填有木炭，有的墓还使用了积石防盗。一部

晋侯墓地

分墓葬内有陪葬车，多者7辆，少者1辆，葬车有的放在撑顶上或椁上填土之中，有的则放置在靠近墓室的墓道底部。

随葬品多放在棺椁之间和墓主人身上。棺椁之间放礼器、乐器、武器和车马器等。青铜礼器多数放在头部，乐器一般放在足下，武器和车马器则无固定位置。墓主人身上主要随葬玉制的"覆面"、项链、耳环（玦）等。

每组墓之东都有车马坑一座，最大的一座面积近300平方米，是现知西周时期最大的一座车马坑。南排西边两组还有陪葬墓和祭祀坑。陪葬墓每墓葬一人，均为女性。祭祀坑有的埋一马，有的埋一人，少数为空坑。埋马和人的坑内陈放有玉石器和首饰等。

3. 卫侯墓

周成王与周公旦平定武庚之乱后，封康叔于商朝故都朝歌（今河南淇县），并镇守周围地区，是为卫国，是西周时期的一个重要藩国。

卫侯墓地在今河南省鹤壁市辛村东、淇水之滨，距朝歌约20千米。已发掘范围东西长500米，南北宽300米。发现大墓十余座，已发掘八座，大抵属公侯或君夫人墓。墓地年代自西周中晚期至东周初年。墓葬按早晚由北向南、由西向东排列，未发现互相叠压或打破的情况。墓向一般头向北，殉葬坑在右，车马坑在左，这样的布置应是有意规划的。

墓室都为南北长的长方形竖穴，墓室南北两面各有一条斜坡形墓道，整体平面呈中字形。撑的底部用圆木竖铺，四壁用稍加工的原木构成井字形。椁外有放置器物的夯土二层台。随葬品放置大多有一定位置：礼器在头部，车马器在足下，兵器在身侧，衣、甲、贝、玉在椁内和棺内。椁顶填土内多放置实用的车马器或车舆。

墓地发现两组大墓，每组两个，东西并列，相距6米。右侧一座，规模较大，随葬器物也较丰富。据出土随葬品推断，墓主为男子，左侧墓主是女子，这种关系应属夫妻异穴合葬。

4. 虢公墓

虢国始封于西周初期。1956年以来在三门峡市（原陕县）的上村岭发现并发掘了虢国贵族墓地。目前，共发掘墓葬240多座和多座车马坑。其中国君墓两座，墓主一座为"虢季"，另一座为"虢仲"；太子墓两座，墓主一座为"元徒"，另一座为"车"。这些墓集中在墓地的北部，埋葬较分散，排列不很整齐，没有像晋侯墓那样两座并列成一组的现象。尽管如此，整个墓地并没有发现早晚互相打破的情况，可见当时埋葬时有所规划。

墓室均为长方形竖穴土坑，长5.3~5.8米，宽3.7~4.4米，深11~13米，没有墓道。墓室四壁平整光滑，表面均匀涂抹一层淡绿色的涂料。墓内填土均经夯打。葬具三重，有一椁二棺和二椁一棺两种。椁盖板四角放置圆形穿孔蚌饰，外棺上部有棺罩，棺罩上覆盖缀饰铜铃、铜鱼、陶珠、石贝等的织物。椁与外棺之间的底部铺一层席子。死者葬式均为仰身直肢，头向北。

墓中随葬品极为丰富，且品类繁多。青铜礼器放置在棺外西侧和北侧，棺外东侧和南侧主要放置兵器与车马器，玉器等装饰品则放置在棺内和棺盖上。多件青铜礼器上铸有铭文，为识别墓主提供了可靠证据。随葬列鼎有七件一列和九件一列，后者的规格已经相当于《周礼》记载的天子之制，可见僭越的现象在西周之际的虢国已经出现。随葬的动物形象玉器品类众多，造

虢公墓陪葬坑

型生动，几乎包括了我国北温带地区所有的动物品种。覆盖于死者面部的缀玉面罩，以玉制品组合成面部形象，包括眉、目、鼻、口、耳、下颚、左右面颊、印堂等部位。这种以玉覆面的葬俗起源很早，对后世的影响也极为深远。虢季墓还出土了一件玉茎铜柄铁剑，系用人工冶炼铁制作的，是我国目前发现的最早的人工冶炼铁实物。

春秋战国时期的陵墓

春秋战国时期，墓葬的形式在继承前代的基础上有所发展。

春秋战国时期贵族的墓室仍然保持商、西周以来的形制，有的大墓还有腰坑。有些国君和大贵族的陵墓，在墓室的两面设墓道，与商、西周的中字形墓相似。有些国君的墓，则和一般贵族的墓相同，仅有一个墓道甚至没有墓道。诸侯、贵族的大墓，仍然流行附设车马坑。

春秋战国时期，夫妻异穴合葬的制度更为普遍。棺椁仍然存在严格的等级制度，诸侯和高等级贵族大墓多用几重棺椁。在关中和中原地区，战国晚期的小型墓葬出现了横穴式的土洞墓室，也有用一种体积庞大的空心砖筑成椁室以代替木椁的。虽然这种变化并不普遍，但它们的出现意味着商周以来的传统墓制渐渐发生了变化。人殉在春秋晚期和战国初期的一些大墓里仍然存在，但总体来说已经比商代、西周减少了。用木俑和陶俑随葬的风俗逐渐兴盛，这可以看作是人殉的替代。

自商、西周以来，墓主的尸体多是仰身直肢。到了战国时代，除了南方的楚国以外，黄河流域的秦、韩、魏、赵、燕等国都不同程度地流行屈肢葬。特别是西方的秦国，屈肢葬墓占有相当大的比例，墓中尸体侧身而卧，四肢蜷曲。这可能是受黄河上游自新石器时代以来的一种特殊葬俗的影响。

由于生产的发展，特别是手工业的发达，贵族墓内随葬品的种类、数量和质量都达到空前的水平。礼器和乐器仍然是贵族最重要的随葬品。当时漆器的制作已很精美，它们在随葬品中的比重显著增加。下层贵族和上层庶民，多在墓中用仿青铜礼器的陶礼器随葬。

这时的贵族大墓，往往在墓室内用积石加固，用积炭除湿。在南方的楚地，流行用一种被称为"膏泥"的白色或灰色黏土填在棺椁的周围，以保持尸体和随葬品不朽。

也是在这一时期，我国开始出现了在墓上构筑坟丘的风俗。目前已知的战国时期诸侯国君墓上都筑有高大的坟丘。坟丘用土夯筑，形状有覆斗形（方锥形）和圆丘形，底部长宽可达 40 米左右，最高的达 10 余米，有的坟丘经历千年风雨，残存的高度还有十几米。在墓室的地面上也普遍继承商代以来的旧制建造"享堂"。

1. 东周王墓与西周公墓

周平王东迁以后，居住在洛邑王城（今洛阳市涧、洛两河交汇处）。周敬王四年（公元前 516 年）因避王子朝之乱，徙居成周，敬王时又从成周迁回王城。前后 200 年间，居成周的有九个周王。考王时（公元前 440—前 426 年在位）封其弟于王城，号西周桓公。西周第三代惠公时又封其少子于巩（今河南省巩县西）以奉周王，号东周惠公。此后周王畿地区由东西周公分治，直到赧王五十九年（公元前 256 年），秦灭周。

1928 年，河南省洛阳汉魏故城内东北部金村有八座大墓被盗。据加拿大人怀履光记载，这八座墓排列有序，分为南北两排，北排 6 座，南排 2 座。形制均为一个墓道，平面呈甲字形。其中 5 号墓墓口为方形，长宽各约 12 米。墓道长约 80 米，宽约 3 米。木构椁室，周围积石积炭，墓底铺石板。椁室内壁漆成深棕色，顶部绘有图案并嵌有镶琉璃的圆形铜饰。椁室中置两重棺，棺的左侧和墓道与椁室之间陈放随葬品。墓道两侧有"车马坑"，坑内随葬有错金银车马器。

这个墓地出土了大量的青铜器、玉器、漆器及银器等。其中错金银的鼎、敦、壶、镜等铜器，透雕镶嵌的璧、佩、带钩等玉器以及铜和银的人物像等制作极为精美，当属王室用器。许多铜器上铸刻铭文，做器者皆为周朝的宗室或大臣。从地理位置和出土文物的品类、等级、质量判断，这处墓地很可能是周敬王迁成周后几代周王的墓地。

洛阳市王城东北隅也发现了四座较大的战国墓，呈东西排列，互相毗邻。形制均为一条墓道向南、平面呈甲字形的墓。其中两座已发掘。1 号墓墓室口大底小，口部长 10 米，宽 9.1 米，近正方形。墓道为斜坡式，长约 40 米。墓内填土均经夯打。墓室及墓道壁上彩绘红、黑、黄、白四色组成的图案。木椁为长方形，椁底有垫木 15 根，椁外积石积炭，内置漆棺。墓内出土的一件石圭，上有墨书"天子"二字。在这四座墓以南，发现了一个长方形车马坑，内埋一车、四马、一犬。此外，在王城东城垣内，还发现了多座甲字形墓。其中一座墓的四壁经过整修，椁用圆木垒成，外有积石积炭，内有两重漆棺。随葬品中有铭刻"繁阳之金"的铜剑一件，字以红铜错镶。王城内发掘的几座甲字形墓，年代均属战国时期，可惜均被严重盗掘，随葬品残留不多。这些墓位于王城之内，排列有序，规模巨大，墓主身份绝非一般贵族。据文献记载，战国时期居住在王城内的最高统治者是西周公，因此推定这些墓的主人应为西周公及其亲属。

2. 燕王墓

战国时期，燕昭王（公元前312—前279年）营建武阳（今河北省易县东南）作为下都。至公元前226年秦军占领下都，燕王喜逃奔辽东，其间各代燕王可能都葬于此处。

目前发现的燕王墓地位于燕下都东城的西北角，分为南北两个墓区，中间被古河道和隔墙相隔。北区有13座坟丘，南北分作四排，排列井然有序：最北一排四座，东西分为两组；最南一排三座，中间一座较小，位置偏南；中间两排，每排三座，东西并列。比较大的六座长、宽40～55米，坟高7～15米。南区有10座坟丘，封土比北区小。南北分为三排：北面一排五座，其中西面三座为一组，东面两座为一组；中间一排四座，分为两组；另有一座单独在西南角。封土全系夯筑，大小不一。就其组合排列情况看，至少有九组，每组都有一座较大。这些墓特别是北区的墓每排可能为一代燕王及王后的陵墓。

南区北排中间的一座已被发掘。墓室为长方形，南北长10.4米，四壁夯筑后再用火烧加固。南北两端有略高于墓口的坑道，似为墓道。这座墓曾经被盗，残存随葬品有礼器和编钟，但无兵器、车马器。礼器虽为陶质，但形制完全模仿铜器，有九件列鼎一套，七件列鼎二套，簋八件一套，数字合乎文献所载的"王制"。

3. 秦公墓与秦王陵墓

秦本为西陲方国，周平王东迁洛阳以后，始封为诸侯。公元前677年，秦德公迁都于雍（今陕西省凤翔县西南），历经300年，其间共有君主19人，

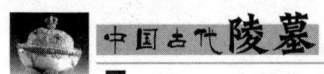

至献公二年（公元前383年）迁都栎阳（今陕西省临潼县武屯镇东北）。

都雍这一时期秦公墓地建在凤翔县南渭河北，北距雍城10千米。陵区范围约21平方千米，外有一条壕沟围绕。陵区分为13个陵园，每个陵园均有隍壕围绕，一般宽3～4米，深2.7～3.5米，总长达35千米以上。陵园平面呈长方形或梯形，面积最小的约2.7万平方米，最大的达35万多平方米。每个陵园内有一个至三个主墓。主墓在陵园的偏南部，一部分两侧用马蹄形的内隍围绕，构成双重隍壕。这里共发现大墓21座，而秦在建都雍城期间仅有19位王，因此推断有的墓可能是秦君夫人的墓。其中有三组两个中字形大墓共用一隍，两个墓中一个较大，另一个较小，有的学者推测它们应是国君与夫人的异穴合葬墓。这些大墓地面上均无封土。37号墓的墓口两侧有河卵石平铺的散水，墓室正上面残存夯土基础。1号大墓的墓室上部还残存一排柱洞，陵墓周围散布有各类瓦片。据此推测原来墓上应有覆瓦建筑，可能是享堂。

墓都为东西向，平面分为两条墓道的"中字形"和一条墓道的"甲字形"两种。"中字形"大墓共18座，墓室平面为长方形，东西两面各有一条墓道，东墓道为主墓道。有的墓在东墓道开一个或两个耳室。其中1号墓规模最大，全长300米，总面积5334平方米。"甲字形"大墓共三座，墓室平面为长方形，东面有一条墓道。各墓之间的排列有一定顺序。每个大墓的右前方均有一个平面呈"凸字形"或"目字形"的车马坑。在1号和2号的陵园中还发现了许多小墓，推测可能是墓主人的陪葬墓或祭祀坑。

知识链接

秦公墓地发现记

史籍中曾提到"秦宁公（当为宪公之误写）葬西山大麓，故号秦陵山也"，而且"不封不树"，即地面上没有封土，也不竖立标志。加上两千多年的沧海桑田，要在凤翔县的茫茫山川原野之中找到19位秦君的陵墓实非易事。

第二章　先秦时期的陵墓

1975年，陕西省考古研究所雍城考古队和凤翔县文化馆开始在凤翔寻找秦公墓葬。考古队先从凤翔县城西的灵山（可能是陵山的讹传）着手，但经过一个冬天却没找到任何线索。

第二年春季的一天，南指挥村农民靳思治顺便提起说他们村里有块地"很瓷实，不长庄稼"。熟识的队员知道靳思治小名叫"鳖信"，开玩笑说大家"别信"他的话，但考古队队长韩伟还是带队来到南指挥村实地勘察。果然如靳思治所言，有一块地的庄稼长势明显不如别处，土壤的断壁上还暴露出明显的五花夯土。钻探的发现更是令人惊喜——竟然是一座有两条斜坡墓道和一个长方形墓室的"中字形"超级大墓。墓室底部还钻探出了青膏泥（质地细密类似湖底淤泥，隔水性强）、木炭、椁木、朱砂等——这无疑是一处秦公大墓。由于它是在雍城发现的第一座秦公大墓，所以称为秦公1号大墓。

从秦公1号大墓开始，考古队员们顺藤摸瓜，经过多年钻探和调查，在周边36平方千米的范围内，先后发现了由壕沟分隔的14座秦公陵园，大墓21座，而整个陵区周围则发现了十多千米长的护陵壕沟。通过对照文献，确定这里是秦人的祭祀圣地——三畤原，曾为秦国贵族狩猎的"北园"，后来成了秦公陵园。

1号大墓是陵园内规模最大的一座。自1976年冬至1986年秋，考古工作者对这座大墓进行了长达10年的不间断的发掘，最终使这个镶入地下的宫殿显露出来。它的规模已远远超过先秦已知各诸侯国国君的墓葬。大墓的墓室平面呈矩形，东西长约60米，南北宽近40米，四壁建有三层台阶，逐层缩小，像是一座倒着的金字塔，而塔"顶"处就是整个墓葬的核心——秦君安寝的椁室。

在漫长的发掘过程中，令人担忧的盗洞不断出现，考古队员们的心也被倒悬了10年。仅在二层台阶深度的平面上就发现了两千多年来历代的盗洞247个。幸好约有三分之一半途而废，大部分只挖到二层台，但最终进入墓底的盗洞依然达20多个。

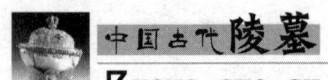

历经汉、唐、宋三代的大肆盗掘，大墓内的大件铜器早被洗劫一空，椁室中装殓墓主人的棺具也遭到严重破坏。然而经过不懈地探索与发掘，大墓中还有金、铁、陶、玉、漆器、纺织品及石磬等3500余件文物出土。这些劫后余生的出土文物中不时闪现出强秦2500多年前的耀眼光辉，为我们描述着秦国成长时代不为今人所知的秘密。

秦公1号大墓自横空出世以来，创下了许多中国考古之最。它不但是目前我国发现规模最大的先秦墓葬，而且是我国迄今已发掘的最大墓葬。正因为规模大，也使它成为考古发掘中用工最多、耗时最长的墓葬。

1号大墓墓室四周有三层台阶，宽2.16米，上下层相距5.3～7.6米。第三层中部为椁室，平面呈曲尺形，分为主副两部分。主椁室位于中部，东西长，南北狭。椁室四壁以双层枋木叠垒，首尾用榫卯结构衔接，椁底以双层枋木铺垫，椁上用三层枋木铺盖。南北向的枋木两端均有榫头伸出，组成长方形框式结构，外观如同长方体的木屋。这种框式结构应是后来"黄肠题凑"式椁室的前身。副椁室位于椁室西南，南北长，东西狭，四壁及底盖均为单层枋木叠筑，两端无榫头。整个椁室属于三重椁结构。两椁之间有小门相通。每根椁木长5.6～7.3米，每根的横截面都是边长21厘米的正方形，两端中心有21厘米长的榫头，重300千克以上，经鉴定为清一色柏木材心。这种规格及用材按史籍记载为天子等级，属于对周礼的僭越。为了防止地下水沿着木料结节渗入造成腐朽，椁木原有的结节都被挖出，然后用铅、锡和白铁合金浇注封护。在金属浇注过程中既没有烧坏木质，又浇注得很平整，说明当时把握合金配比和浇注火候的技术已很成熟。在椁室周围和上方填充有厚3.3～3.8米的防潮木炭，外围再填充青膏泥。

1号大墓墓室的三层台上及墓道内共殉葬166人，均有棺，侧身屈肢跪卧。葬于椁室周围的有72人，棺内有框架，外用枋木叠垒；靠近墓室四壁的94人棺呈匣形，棺板极薄。从埋葬的位置和葬具的不同，可知他们的身份是不同的，有姬妾、近臣，也有家内奴隶。填土中发现人骨20具，有些是填土

第二章　先秦时期的陵墓

秦公一号大墓

时埋葬的，有的则是大墓建造完成后又重新挖坑埋入的，这部分人的地位应当更为低下。根据《史记·秦本纪》记载："武公（公元前697—前678年在位）卒葬雍平阳，初以人从死，从死者六十六人。"到了献公时（公元前384—前362年在位）才"止从死"，废除了残酷的人殉制度。据石磬篆文推测，1号大墓应为秦景公（公元前576—前537年在位）之墓。这个时期正当秦国奴隶制发展的时期，殉葬之多反映了这种历史现实。

秦孝公十二年（公元前350年），秦又迁都咸阳（今陕西省咸阳市东北）。随着秦都的东迁，秦国君主的陵墓也向东转移。《史记·秦本纪·集解》引《皇览》记载："秦武王（公元前337年—前309年在位）冢在扶风安陵县西北，毕陌中大冢是也。"《史记·秦本纪·正义》引《括地志》记载："秦悼武王（公元前310—前307年在位）陵在雍州咸阳县西北十五里也。"据考古调查确定，这两座陵墓在今咸阳市周陵乡的北缘。现存覆斗形封土，高10余米，南北相距200余米。在历史上，它们长期以来被误认为是周文王和周武王陵。

据《史记》等文献记载，秦时的昭襄王（公元前306—前249年在位，陵名芷陵）和唐太后，孝文王（公元前250年在位，陵名寿陵）和华阳太后，庄襄王（公元前249—前248年在位，陵名阳陵）和帝太后以及宣太后、悼太子皆埋葬在芷阳，帝、后均为合葬。因墓地在雍城诸陵以东，总称为东陵。此外，根据《汉书》的记载，秦还设置了"东陵侯"的官职，负责东陵陵园管理事务。据考古调查发现，秦芷阳城遗址在灞河之东临渔县韩峪乡一带。自1986年以来，在这一地区先后发现了四座陵园，从其出土文物和陵园建制判断应是秦东陵。

已发现的四座陵园，分布在秦芷阳城东骊山西麓的山前冲积扇上，总面积约24平方千米。均按自然地形布局。每座陵园周围均有隍壕设施，1号陵园东西长4000米，南北宽1800米；2号陵园东西长500米，南北宽300米。隍壕有的是利用自然沟壑，有的是人工开凿的，壁面用天然石块筑砌，既利于防洪排水，又起到围护陵园的作用。陵墓建在高丘之上，地面无封土。主墓平面形状有亚字形、中字形、甲字形三种。1号陵园主墓为两座并列的亚字形墓；2号陵园为一座中字形墓和三座甲字形墓，呈品字形排列。墓室基本都呈方形，如1号陵园和4号陵园的亚字形主墓，墓室大小基本相同，长宽皆为55～58米，深26米。亚字形的墓四面各有一条墓道，其中东面墓道最长。中字形的墓东西各一条墓道，也是东墓道最长。东墓道是陵墓的主墓道，墓的方向应是坐西朝东。墓道呈斜坡状，平面均为里侧宽的梯形。大部分墓道的一侧挖建耳室，形制大小也基本相同。

陵园内建有礼制性的地面建筑，1号陵园陵旁有四处，2号、4号陵园各有一处，3号陵园有两处。对比历史记载，这些建筑当属陵寝类建筑。

陵园内有陪葬墓和陪葬坑。1号陵园有两处陪葬墓区。陪葬墓有甲字形墓，也有小型土坑墓。两个陪葬坑位于墓的前方，坑内有马骨、漆木痕迹等。2号陵园陪葬坑内曾出土过铜车构件和马饰，推测这类陪葬坑可能是埋葬车马的。

东陵的陵园建制、墓室构造、从葬车马坑的设置等基本上沿用凤翔秦公墓，规模更加宏伟。对各陵园的墓主，研究者意见不一，有人认为4号陵园为昭襄王的陵墓，有人认为1号陵园为昭襄王的陵墓。

5. 齐公和齐王陵墓

周武王时封姜子牙于齐，这是当时一个较大的诸侯国，建都营丘（今淄博东北部）。约公元前9世纪中叶的西周晚期，齐献公由薄姑（今临淄附近，曹县东南）迁都于临淄（今山东省淄博市临淄区）。公元前386年田氏代替姜氏为齐侯，至公元前221年为秦所灭，共立国600余年。

据对临淄故城及附近的调查、勘探，从西周到春秋时期齐国国君的墓地建在故城内东北部，已发现大中型墓20余座。西周时期的墓葬未经发掘，形制不详。已发掘的一座，有一条墓道，平面呈甲字形。墓室四周用大石块砌筑成椁室，椁板厚1.5~2.5米。墓的东、西、北三面有相连的殉马坑，推测共有殉马约600匹，已发掘部分殉马228匹。墓中随葬品已全部被盗，据马坑出土陶器判断，年代属春秋晚期。按文献记载，并结合其规模推测，该墓主人可能是齐景公。

田氏代齐至秦灭齐，共历八王。田齐王陵在山东省临淄故城东南约11.5千米的泰沂山脉东北麓，北面为广阔的鲁北平原。陵区范围约6平方千米，分布有20余座坟丘。其中两组尤其高大，南北相望，形制一致。一组为四座并列，俗称"四王冢"；另一组为两座并列，俗称"二王冢"。北魏时期的《水经注》认为是东周时期齐国国君墓，据考证应属战国时期田齐国君的陵墓。

齐王陵远景

陵墓建在山岗上，以夯土构筑。下部陵台连成一体，平面呈长方形，似为三层台阶式，逐层收缩。陵台上分建坟丘，底部方形，上部圆形，高10余米。此外在"二王冢"和"四王冢"的西北和北面有五座坟丘，西南方的谷地和山坡上有八座坟丘，形制近似，仅大小不同。这些坟丘中有相当一部分是两个并列成一组，其中一个较大、一个较小，应属于夫妻异穴合葬式坟墓。

6. 魏王墓

魏国是"战国七雄"之一。自魏文侯于公元前403年被册封为诸侯起，都安邑（今山西夏县），历二王。魏惠王九年（公元前362年）迁都大梁（今河南省开封市），历六王，至公元前225年为秦所灭。安邑的王陵尚未发现。大梁魏王墓分布在黄河以北的河南辉县、汲县一带。1950—1951年在河南辉县城东3千米的固围村，发掘了三座魏王及夫人墓。三座墓东西并列坐落在一片高地上，利用天然丘岗整修而成，东、北、南三面为断崖。东西长150米，南北宽135米，高两米多，四周经版筑。另外高地南面0.5千米处有一座大墓，规模与此相当；西南1千米处也有一座大墓。据此推断，整个墓地的范围或应更广。

三座大墓居中者较大，两侧较小，形制相同，应属魏国王室的异穴合葬墓。墓葬建造虽有先后，但布局规整，应当是经过事先规划的。

墓室南北两端有墓道，平面呈中字形，通长达150米以上，深15米以上。墓室平面呈长方形，底部平铺多层巨石，上面用枋木垒砌椁室。椁室底部用单层枋木铺排，四壁用枋木叠垒，厚达1米，顶部盖两层木板。周围用巨石砌墙，墙内填充细砂。椁室以上填土夯实，椁室内置棺、椁，空间填以木炭。木椁也用枋木构成，四壁和上下的枋木搭接处以榫卯相连。椁外涂黑漆、里面涂红漆。1号墓南墓道前端发现了放置两辆马车的木室。

墓室上原建有瓦顶享堂类建筑，基址略大于墓室。中间一座为七开间，基址方形，包括散水（建筑周围铺设的防水渗入的保护层）在内每边长27.5米。两侧的享堂较小，大概都是五开间。

这些墓早年都已被盗，但仍出土了较多的随葬品：有仿铜陶列鼎九件，还有错金银马头形车辕饰，由五块白玉和两个鎏金兽头构成的大玉璜，包金镶银带钩和多件用固体还原法冶炼成的多种铁器等。此外被盗卖到国外去的漆棺残片、夹纻大鉴、黄金饰物等据说即是2号墓出土的。

7. 赵王陵

公元前 386 年，赵敬侯自晋阳（今山西省太原市）迁都邯郸（今河北省邯郸市），至公元前 228 年秦破邯郸，赵王迁投降并被流放于房陵（今湖北省房县），其间历有八王。史籍中并没有关于赵王陵墓的明确记载。

赵王陵在河北省邯郸市西北 20 多千米处的丘陵地带，分属邯郸市和永年县。现有坟丘七个，分成五组，其中两组各包括两个并列的坟丘，分别修筑在五个小山上，组成五个陵园。

坟丘筑于山巅，以山为基，上筑陵台，规模宏大。台面平坦，呈南北长的二层台阶式，四周经夯打加固。上部封土在台中部，各陵台东边有东西向的大路，应为神道。路呈斜坡状，边缘经夯筑，非常坚固。陵区内还发现了一些中小型墓，有的有封土，有的不显封土，应属陪葬墓。

1 号陵台位于陈三陵村东北，陵台南北长 288 米，东西宽 194 米。封土在陵台中部略偏南，底径 47～57 米，高约 15 米。陵台东边古路与封土基本东南对直，路宽 61 米，现存长 246 米。

2 号陵台位于陈三陵村西北，陵台南北长 242 米，东西宽 182 米。陵台之上有南北并列的二封土，南者直径 42～50 米，北者直径 43～47 米，高均为 12 米。陵台以北的台下有一封土，应为王陵陪葬墓。陵台东边的古路宽 63 米，现存长 85 米。

3 号陵台位于邯郸县工程乡周窑村东，陵台南北长 181 米，东西宽 85 米。封土位于陵台中央，为长方形，南北长 66 米，东西宽 37 米，高 5.5 米。陵台西南和西北各有一座大墓，前者封土长 74 米、宽 66 米、高 11 米；后者封土长 31 米、宽 29 米、高 3.3 米，上面散布有许多瓦片，早年似有木构建筑。三墓之间尚有一些不显封土的小墓。3 号陵有陵园，围墙夯筑，墙基宽 7～11 米，东西长 464～489 米，南北长 496～498 米。通往陵园的大路在陵园东边。

4 号陵台（亦称温窑陵台），位于永年县西部界河店乡温窑村西，北近

赵王陵

石山，南临河谷。陵台南北长 172 米，东西宽 201 米。整座陵台呈方形覆斗状，在台面中部南北并列两大封土堆，南封土堆底径为 39 米×37 米，北封土堆底径为 43 米×30 米，高约 6 米。

5 号陵台（亦称张窑陵台）位于永年县温窑村北 800 米处温窑与张窑村的分水岭上，是五座陵台中最大的一处。陵台南北长 340 米，东西宽 216 米，陵台高出地表 28 米。整座陵台呈长方形覆斗状，封土堆在台面中央，底径为 49 米×47 米，残存高度约 3 米。

1978 年发掘的是 3 号陵西北的陪葬墓。墓室东西两面有墓道，平面呈中字形。内有二重椁，外椁为石砌，内椁为木构。棺已不存，仅有红、黑两色的漆皮。西墓道有殉葬坑，内埋殉葬 2 人。东墓道有车马坑，内殉马两匹。墓内几经盗掘，随葬品一无所存。从规模、殉人等分析，墓主人身份应较高。

陵区中的五个陵园，恰好与史书上没有记载葬地的五王（敬侯、成侯、惠文王、孝成王和悼襄王）相符，可能是他们的陵墓。其中两座陵园中有两个并列的坟丘，有可能是夫妻异穴合葬，也有可能是后世个别文献记载葬于常山和灵邱的肃侯与武灵王的陵墓。

8. 中山王墓

中山属白狄别种，春秋时称鲜虞。春秋时期的中山国自公元前 5 世纪初始立国，至公元前 407 年为晋所灭。这一时期的中山国都遗址和墓地均未发现。至公元前 388 年，中山复国并迁都灵寿，公元前 296 年又为赵国所灭。其间 80 余年共历五王，后二王一个死在齐国，另一个被赵灭后送回老家肤施（今陕西延安），前三王的陵墓都应在灵寿。

20 世纪 70 年代的考古发掘证实，中山王墓葬位于河北省平山县城北约 10 千米、古灵寿城址的内外。墓地分为两处，一处在城西 2 千米的西灵山下。两座大墓东西并列，西侧 1 号墓已发掘，为中山王墓，年代约为公元前 310 年。另一处在城内西北部，地处东灵山下，由南向北排列三座大墓。南端 6 号墓已发掘，也是一座王墓。两座王陵上部

中山王 1 号墓兆域图铜版（上边为前方）

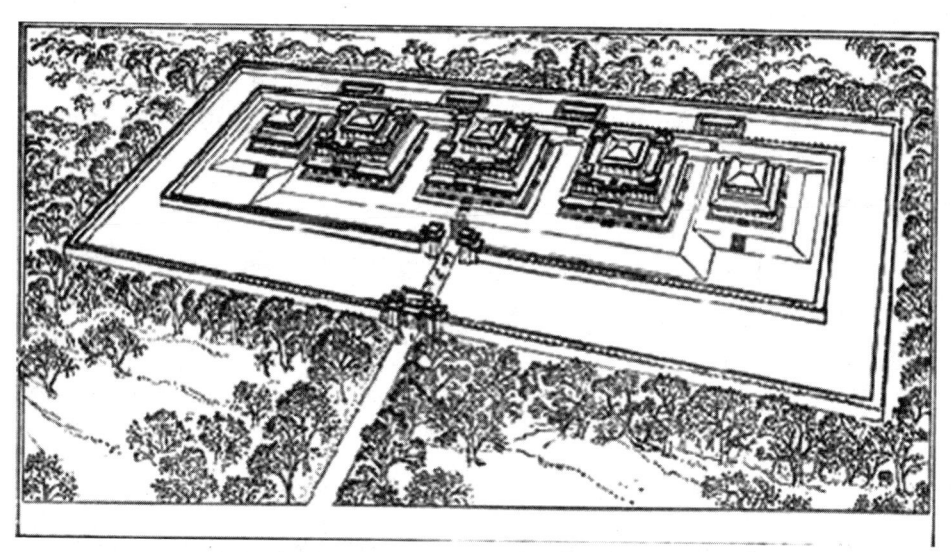

根据"兆域图"复原的中山王 1 号墓陵园效果图（下边为前方）

都有夯筑的高大坟丘。附近有车马坑和陪葬墓等。

已发掘的 1 号和 6 号墓结构基本相同，坟丘上原有享堂类建筑。1 号墓坟丘平面为长方形，南北长 110 米，东西宽 92 米，高约 7.5 米，呈三层台阶状。上部建筑基址可复原为周绕回廊、上覆瓦顶的三层台榭式建筑。墓南北有墓道，平面呈中字形，全长 110 米。墓室为长方形，南北长 14.9 米。椁壁石砌，葬具为四层套棺。椁室两侧有放置随葬品的东、西库。大墓以北两侧有陪葬墓，南面两侧各有一座车马坑，西侧有一座船坑。

1 号墓出土的陵园兆域铜版上用金银镶嵌出中山王陵园的规划图，图上详注陵园各部位的尺度。图中长方形丘坪上整齐地排列五个享堂：居中为王堂，两侧为王后堂、哀后堂，两端为夫人堂，大小分为两个等级。丘坪之外绕以内宫墙和中宫墙。前侧正中有门直达王堂，后部两墙之间有四座方形的宫。图上王堂标注的尺度与 1 号墓上建筑址的尺度大体相符。这种以一个国君为中心的墓地布局与魏王墓、赵王陵基本一致。图上标注各墓所用的葬具大体分为三个等级。

两墓虽经盗掘，但仍出土随葬品 19000 余件，主要发现于椁室两侧的库中，包括九鼎、四簋、编钟、编磬等成套铜、陶礼器、乐器和大量用具、装饰品。其中 1 号墓出土有长篇铭文的鼎、壶，记载了燕王哙禅位后引起内乱，中山乘机出兵伐燕夺得土地的事实,也反映了中山国的政治、文化状况。金银镶嵌龙凤形铜方案、十五连盏铜灯、银首人俑铜灯和几件错金银动物形器座(神兽、牛、犀、虎、鹿等)制作精巧,造型逼真,具有极高的艺术价值。

4. 曾侯墓

1978年和1981年,在湖北随州市西郊先后发现并发掘了两座战国时期曾侯国君的墓葬,其中1号墓主人为曾侯乙。曾国很有可能就是史籍上经常出现的随国,是东周时期的一个小国,位于汉水下游以东一带。该墓保存完好,出土遗物丰富,年代稍晚于公元前433年,是研究东周时期江南地区葬制的重要实物资料。

墓地原是一个圆形大土坡,名叫"东团坡",据推测原先应有较大的坟

曾侯乙墓椁室(上端为北侧)

丘。墓室开凿在丘陵的岩石中，形状不规整，面积220平方米，深约13米，无墓道。底部置木椁，周围填以木炭，总计约6万千克。木炭上铺青膏泥，再上为经过夯打的填土。

椁室和墓室形状相同，分为东、西、北、中四室，由171根方木垒成，高3米以上，共用木料约380立方米。各室均为长方形，隔板下部有方形小洞相通。这种将撑室用隔板间隔出多室的结构是当时楚地大中型墓的普遍形式。二重木棺放置在东室，制作相当考究。外棺用青铜柱构成框架，其间嵌木板，四周有铜纽。棺内外髹漆，外绘彩色花纹及神兽、武士。随葬品置于北室和中室。东室和西室放置陪葬棺，21个陪葬人均为青少年女子。

此墓共出土随葬品10000多件。在各种青铜礼器中有"升鼎"9件，簋8件。还有全套的编钟、编磬，其中钟64件（加上楚王所赠的一件镈钟共65件）、磬32件，较好地保持着原来的悬挂状况，显示了诸侯行礼作乐的场面。编钟的音阶结构与现在国际通用的C大调七声音阶为同一音列，中心部分12个半音齐备，可以旋宫转调。其他各种乐器品类众多，有些是失传多年的古乐器。所出的尊盘造型精巧、结构复杂，其透空附件部分是用失蜡法铸造的，反映出早在先秦时期我国青铜铸造已达到相当高超的水平。曾侯乙仅是当时一个地位不高、疆域甚小的侯国君主，其随葬品竟如此华贵、齐备，充分反映了当时上层贵族生活奢靡、礼制僭越的历史事实。

知识链接

失蜡法

失蜡法也叫脱蜡法，在现代的精密铸造中称为熔模精密铸造，是一种有着悠久历史的金属铸造方法。其做法是，先用蜂蜡做成铸件的完整模型，再用别的耐火材料填充泥芯并敷成外范。加热烘烤后，蜡模全部熔化流出，使整个铸件模型变成空壳。再往空心内浇灌金属溶液，冷却后便铸成器物。

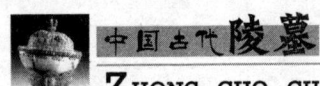

失蜡法还可以应用到翻沙上,将蜡制的模型埋入铸造的沙型中夯实,然后加热,使沙型变得结实;同时蜡熔化倒出,再将熔化的青铜或铁水倒入。

以失蜡法铸造的器物可以达到玲珑剔透的镂空效果,而且这种方法可以做出非常精细、形状非常复杂的模具,直接铸造出非常精密的零件,不必再进行机械加工。

中国已知最早的失蜡法铸成的器物是河南淅川下寺楚墓出土的春秋晚期铜盏部件和云纹铜禁。战国以后,失蜡法的应用范围逐渐扩大,除鼎、彝外,还用于铸造印玺、乐钟、佛像和少数民族地区的贮贝器、饰件等。失蜡法在中国延续不断地应用,佛山、苏州等地现仍用上述传统技法制作工艺品铸件。

2号墓在1号墓西约100米处,规模较小,年代约为战国中期。随葬品2700余件,也使用九鼎八簋,并有成套编钟、编磬,可以认为是另一位曾国国君的墓葬。

第三章

秦汉魏晋南北朝时期的陵墓

在秦和西汉前期,贵族地主阶级仍沿用竖穴式土坑墓,墓中设木椁。汉代普遍用横穴式的洞穴作墓圹,用砖和石料筑墓室,在形制上模仿现实生活中的房屋。这是中国古代墓制的一次划时代的大变化。这种变化主要是从西汉中期才开始的,首先发生在黄河流域,然后普及到各地。但在长江流域及南方和北方的边远地区,竖穴式木椁墓一直延续到西汉后期甚至东汉前期。在秦和西汉的竖穴式木椁墓中,棺椁制度沿袭周代的礼制,有严格的等级。

魏晋南北朝时期的墓葬制度,大体上承袭汉代。但经过汉末的战乱,社会经济受到严重的破坏。加上各政权各民族间相互攻伐,战乱不息,社会经济凋敝。反映在墓葬方面,就是统治阶级的厚葬之风不得不有所改变,一般表现为简埋薄葬。

第一节
秦始皇陵

秦始皇陵在今陕西省临潼县城东 5 千米处的骊山北麓，它是保存至今的我国古代最大的帝王陵墓之一，也是仅存的两座保存完好的帝陵之一（另一座为唐高宗与武则天合葬的乾陵）。秦始皇开创的陵寝制度对以后历代帝王陵园建筑影响很大。1961 年国务院公布秦始皇陵为全国重点文物保护单位，1988 年被联合国教科文组织列为世界文化遗产。

秦始皇陵的修建

秦始皇 13 岁即位以后，便开始在骊山营建他的陵墓。整个工程前后可分为三个阶段。

自秦王即位开始到统一全国的 26 年为陵园工程的初期阶段。这一阶段先后展开了陵园工程的设计和主体工程的施工，初步奠定了陵园工程的规模和基本格局。统一天下以后到秦始皇三十五年（公元前 212 年），历时 9 年，当为陵园工程的大规模修建时期。最多调用 72 万囚徒来大规模地修建，基本完成了陵园的主体工程。秦始皇三十五年到秦二世二年（公元前 209 年）冬，历时 3 年多是工程的最后阶段。这一阶段主要从事陵园的收尾工程与覆土任务。但陈胜、吴广起义于此时爆发，他们的部下周文率兵迅速打到了距陵园不足数华里的戏水附近（今临潼县新丰镇附近）。面临大军压境、威逼咸阳之势，在少府令章邯的建议下，秦二世赦免了骊山修陵的刑徒，并让章邯率领修陵大军回击周文的起义军。至此，陵园工程才不得不中止，整个工程最终并未竣工。

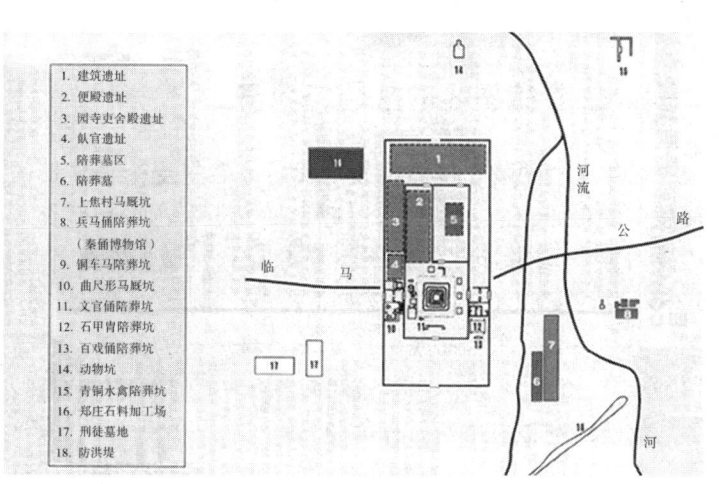

秦国的都城在咸阳，陵园之所以选在远离咸阳的骊山，首先是与秦国前几代国君墓的位置有关。秦始皇先祖及太后的陵园葬在临漳县以西的芷阳一带，秦始皇陵园选在芷阳

```
1. 建筑遗址
2. 便殿遗址
3. 园寺吏舍殿遗址
4. 厩苑遗址
5. 陪葬墓区
6. 陪葬墓
7. 上焦村马厩坑
8. 兵马俑陪葬坑
   （秦俑博物馆）
9. 铜车马陪葬坑
10. 曲尺形马厩坑
11. 文官俑陪葬坑
12. 石甲胄陪葬坑
13. 百戏俑陪葬坑
14. 动物坑
15. 青铜水禽陪葬坑
16. 郑庄石料加工场
17. 刑徒墓地
18. 防洪堤
```

秦始皇陵区平面示意图

以东的骊山是由当时的礼制所决定的，因为古代帝王陵墓往往按照生前居住时的尊卑、上下，即按照长者在西、晚辈居东的原则。秦始皇先祖已确知葬在芷阳的有昭襄王、庄襄王和宣太后。既然先祖墓均葬在临漳县以西，而作为晚辈的秦始皇只能埋在芷阳以东了。

其次，陵墓位置的选择也与当时"依山造陵"的观念相关。大约自春秋时代开始，各诸侯国国君相继兴起了"依山造陵"的风气。许多国君墓不是背山面河，就是面对视野开阔的平原，甚至有的国君墓干脆建在山巅之上，以显示生前的崇高地位和皇权的威严。春秋战国时期的秦公墓已经开始遵循"依山造陵"的规范，而秦始皇陵墓造在骊山也完全符合这一传统观念。它背靠骊山、面向渭水，而且这一带有着优美的自然环境。整个骊山唯有临漳县东至马额这一段山脉海拔较高，山势起伏，层峦叠嶂。从渭河北岸远远望去，这段山脉左右对称，似一扇巨大的屏风立于始皇陵后。站在陵顶南望，这段山脉又呈弧形，陵位于骊山峰峦环抱之中，与整个骊山浑然一体。

秦始皇陵是中国历史上第一个皇帝陵园，前后修建费时近40年，建筑材料都是从湖北、四川等地运来的。其工程之浩大，在历史上是罕见的；它巨大的规模、丰富的陪葬也居历代帝王陵之首。

秦始皇陵的陵区位于骊山北麓冲积扇的前部，南到骊山，北到新丰原，东到鱼池水，西到赵背户村西的古河道，总面积为56.25平方千米，分陵园区和从葬区两部分。陵园内外都发现了许多陪葬墓和陪葬坑。

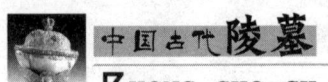

秦始皇陵的陵园与地宫

秦始皇陵的陵园按照秦始皇死后依然享受荣华富贵的原则，仿照秦国都城咸阳的布局建造。陵园占地近8平方千米，平面呈长方形，坐西朝东，有内外两重夯土围墙环绕，分别象征皇城和宫城。外城南北长2165米，东西宽940米，周长6210米。内城南北长1355米，东西宽580米，周长3840米。东北角利用北、东墙另筑一座小城。城墙都为夯筑，残高8～10米，今尚残留遗址，基宽约8米。内外城四面各开一门，两两相对，小城只有南北二门。各门均建门网，内城四角有角楼。

覆斗形坟丘在陵园的右侧（南部），平面呈方形。陵上封土原高约115米，现仍高达76米。封土呈三级台式，顶部平坦。基底南北长515米，东西宽485米；现存南北长350米，东西宽345米。底面积原约有25万平方米，现存约为12万平方米。

秦始皇陵地下宫殿是陵墓建筑的核心部分，规模宏大，位于封土堆顶台及其周围以下，中心点距离地平面35米深，东西长170米，南北宽145米，

秦始皇陵

面积约 18 万平方米。地宫主体和墓室均呈矩形。墓室位于地宫中央，高 15 米，大小相当于一个标准足球场。

在封土堆下，墓室周围，有一圈很厚的细夯土墙，相当于秦代皇宫的"宫墙"。这道墙东西长约 168 米，南北长 141 米，南墙宽 16 米，北墙宽 22 米。根据秦代的建筑标准，在修建宫墙的施工中，为了检测用泥土夯实的宫墙是否坚硬，施工人员会站在远处用弓箭射墙，若箭能插进墙体，修好的宫墙必须推倒重建。宫墙都是用多层细土夯实而成，每层有 5～6 厘米厚，相当精致和坚固。宫墙顶面甚至高出了当时秦代的地面很多，向下直至现封土下 33 米，整个高度约 30 米，非常壮观。在土墙内侧，还有一道石质宫墙。

根据探测，发现墓室内没有进水，而且整个墓室也没有坍塌。关中地区历史上曾遭受过 8 级以上的大地震，而秦始皇陵墓室却完好无损，这与宫墙的坚固程度密切相关。

据《史记·秦始皇本纪》记载，地宫内"以水银为百川江河大海"。现代科技工作者通过物理勘探证明，地宫内的确存在着明显的汞异常，而且汞分布为东南、西南强，东北、西北弱。如果以水银的分布代表江海的话，这正好与我国渤海、黄海的分布位置相符。秦始皇以水银为江河大海的目的，不单是营造恢宏的自然景观，在地宫中弥漫的汞气体还可使入葬的尸体和随葬品保持长久不腐。而且汞是剧毒物质，人大量吸入可导致死亡，因此地宫中的水银还可毒死盗墓者。

地宫三面有门和斜坡状门道。从商周到汉代，帝王的墓道通常都为四条，分别贯穿东南西北四个方向，这是尊贵身份和地位的象征，而普通官员和百姓的墓道仅为一条或两条。按常理秦始皇的墓室也应为四条，但目前却仅仅发现了东、西两条墓道。

秦始皇陵园地势东南高西北低，落差达 85 米。为了防止河流冲刷陵墓，秦始皇还下令将南北向的水流改成东西向，并沿细夯土墙设计、建造了一套完善的地下排水系统。整个系统分为两大部分。前边部分是半绕地宫南半的渠坝工程，被考古专家称为"U"字形部分。这个部分实际上是一条长约千米的地下阻排水渠坝。渠坝的起始位置正当地宫东侧东西中轴线偏北 56 米的地方，向南绕至地宫南侧，再绕至西侧，基本止于地宫西侧东西中轴线附近。渠坝的底部由厚达 17 米的防水性强的清膏泥夯成，上部由黄土夯成，规模之大让人难以想象。渠坝借助地势落差，设计相当巧妙：东南西三边宽度差异

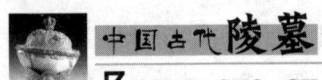

很大，南渠宽84米，东渠宽40~52米，西渠宽24米。并且东渠较西渠还要长52米，毋庸置疑，三边的差异显然在于赋予的阻水功能不同，这当然是由于地下水分布和水文走向不均衡带来的结果。

后边部分即主要向西北排水的渠排工程，由于以明渠暗渠相间为特征，所以也叫明暗渠排工程。目前探清的前边一段，计有明渠8处，暗渠7处，全长525米。由陵墓西边中轴线位置始，向西延伸108米，穿过内城西门后，沿内城垣西侧向北走220米，再折而向西走197米，至外城垣后继续向下走去，最终排向陵西侧的沟壑里去。

考古学家利用自然电场法和核磁共振法测出，在墓室和地宫范围内为不含水区，而此外的相同深度为含水区，说明这套阻排水系统有效保护了墓室不遭地下水浸袭。

陵园的左侧（北部）设寝殿、便殿、园寺吏舍等建筑群遗址，开创了帝陵设寝殿的先例。

寝殿在坟丘西北50余米处。基址平面近方形，面积约3500平方米。中间为高台基，周围有回廊。在寝殿西北南北长670米、东西宽250米的范围内发现由南向北成组排列的建筑基址，之间有石子路相通。已发掘的一组包括东西横列的四座建筑基址，踏步与室内地面均用青石砌筑，以其规模和形制推测当属"便殿"。内城东、西、南三面还有沿墙建筑的廊房遗址。陵园西北部内外墙之间为供奉饮食的"食官"所在，已发现建筑基址三组，出土了乐府造的铜编钟，刻记"骊山园""丽山飤（饲）官"的陶器。这些遗址附近发现的建筑用材有石质水道、空心砖、大板瓦以及直径半米多的夔纹瓦当等，可见当时的陵园建筑相当宏伟。

秦始皇陵的从葬区

自1949年以来，考古工作者在陵园内外已发现了600多处地下陪葬坑、陪葬墓、修陵人员墓和各种建筑遗址。

陪葬坑一般分布在坟丘两侧、内外城墙之间以及陵园外围，已发掘的有珍禽异兽坑、文官俑坑、百戏俑坑、石甲胄坑和铜车马坑等几个。其中铜车马坑在西侧20米处，坑平面呈中字形。在一个过洞内出土了两乘前后排列的铜车马，大小约为真车真马的1/2。车均双轮单辕，每乘驾马四匹，车上各坐一名御

第三章 秦汉魏晋南北朝时期的陵墓

官俑。车马的鞍具齐备，通体彩绘并以大量的金银为饰，制作华丽精细。

陵园东门外东北1200米处，发现了一组四座兵马俑坑，坐西面东，南北分为两排，总面积25380平方米。1号坑在南，平面为长方形，东西长230米，南北宽62米，深4.5～6.5米，四面各有一条斜坡通道。2号坑位于1号坑东北，平面呈曲尺形，东西长96米，南北宽84米，深3.2米。东西两面各有三条、北面有一条斜坡通道。3号坑在1号坑西北，平面呈凹字形，面积520平方米，深5.2～5.4米，东边有一条斜坡门道。4号坑是个空坑，大概没建成就废弃了。

秦始皇陵兵马俑一号坑

1、2、3号坑内都放置着同实物大小相近的陶质武士俑、马和木质战车等。从已发掘的3号和1、2号坑的一小部分推测，估计共埋藏陶俑约7000个，陶马642匹，战车130辆。根据遗迹判断，三个坑都是土木混合结构的坑道式建筑。坑壁边沿夯筑出二层台，1、2号坑还在坑内加筑多道夯土墙分为若干"间"。坑壁两侧安置对称的木柱，上搭棚木和苇席，再上覆压泥灰和土，高出地面约两米。坑底部以砖铺墁。门道口用立木封堵，再填土夯实。

1号坑已发掘东半部，出土木质战车8乘，每车驾4匹陶马，出土陶俑1087件。除两侧一排俑外，都面向东方。俑分为车兵和步兵两种，身份有军吏和士卒两类。冠戴和衣饰均有区别，有的身穿铠甲，有的不穿铠甲。士卒俑又分为两种：一种是隶属于车的步兵，另一种是独立的步兵。战车与步兵相间排列，以步兵为主体，分成前锋、后卫、主体、侧翼等部分，构成规整的步兵军阵。

2号坑出土武士俑1000多件、战车80余辆、陶马300多匹。武士俑分为车兵、步兵和骑兵，整体面向东方。步兵居左前方，左侧基本上是骑兵，右侧是车兵，中间车兵后相间步兵，构成各兵种联合编组的大型混合军阵。

3号坑面积较小，中间有髹漆木质战车一辆，左右两厢为身穿铠甲的侍卫俑，沿坑壁的四面向内相对排列。根据专家研究，这应是统辖1、2号坑的指挥部。

武士俑和战车上原来装备有实用兵器，大部分已缺失。各类陶俑根据所处位置、身份和姿势分析，使用不同种类的兵器，包括戈、矛、戟、剑、盾、弓、箭等短兵器和远射武器。金属兵器除个别为铁制外，大都是青铜铸造的，至今仍十分光亮、锋利。化验证明大部分表面经过铬盐氧化处理，以增加抗锈蚀的能力，体现出高度的工艺水平。

陶俑和马的制作一般采用先按不同部位分别用陶模翻出胎型，然后衔接黏合，再雕塑细部，外表涂绘鲜艳的彩色。彩色大部已脱落，据分析质地多为矿物质。颜色种类很多，以红、绿、黑为主，辅以蓝、白、黄等色，不同部位上相间使用，显得十分壮丽和谐。俑的造型因其出身、地位、经历的不同显示出不同的特征、表情。千余件武士俑不仅装束服饰不同，而且神态各异，具有强烈的艺术感染力，堪称我国古代艺术的典范。

坟丘的西北角有一座平面呈甲字形的大墓。内城东北角的小城内发现了20多座墓葬，可能是一处陪葬墓区。

陵园东南面分布着另外一处较大的殉葬墓和从葬坑群。殉葬墓的葬具均为一棺、一椁。葬者有男有女，年龄都在20~30岁，骨殖凌乱，肢体不全，显然是杀戮后一齐被掩埋的。核对史料，推断死者很可能就是被秦二世残杀的宗室诸公子、公主或大臣。尸身从葬坑南北分成三行，排列密集有序。坑内埋有跪坐的陶俑和一马骨。出土器物上刻着"中厩""官厩""三厩"等字样，说明这批坑象征着宫廷的马厩，俑则是养马的仆役。

陵园西南1千米处有埋葬建陵中死亡的役人或刑徒的墓地。墓坑狭小，每坑埋两三具尸骨，基本上都是男性青壮年。从出土残瓦片上的文字得知，死者都是从原来山东六国地区征调来服役的人员。

陵园西北面有打制石材的场地，面积约75万平方米，出土了各种铁工具、石料等。陵园周围还有烧制陶制品的陶窑，其中陵园西侧比较密集。

陵园东南面的骊山沟口修筑有一道高10米、长1400多米的堤坝，使洪水出山后转向东流，以避免陵园遭受山洪水患，设计上十分周密。

陵北约2.5千米处，因造陵取土致使地势低洼、积水成池，称为"鱼池"。

秦始皇陵的破坏与保护

秦始皇陵以其规模宏伟、空前的厚葬而闻名，自然也引起了一代一代军阀势力和盗墓贼的觊觎。

第三章 秦汉魏晋南北朝时期的陵墓

据史籍记载，秦亡后，项羽入关中，动用士卒30万人发掘始皇陵墓，随葬品被洗劫一空，宝物运了一个月还没有运完。秦始皇陵的地上建筑也被大火烧尽了。

经过四年楚汉战争，刘邦打败了项羽，建立了西汉王朝。为了笼络人心，公元前195年，刘邦下令对秦始皇陵妥善保护，安排20户人家住在秦始皇陵附近，作为守陵人看管秦始皇陵。此后，各朝各代的统治者对秦代帝王陵墓，也都下令保护。

传说曾有一个牧羊人寻羊，进入墓室，因持火照明，引起地宫失火，连烧三个月未灭。后来东汉末年赤眉起义军、魏晋后赵时期统治者石勒和石季龙、唐代末年的黄巢农民起义军都曾发掘秦始皇陵。五代时军阀温韬又以筹军饷为名，再次大规模地盗掘秦始皇陵。

宋太祖开宝三年（970年），又令临潼县保护和修整秦始皇陵。清朝的陕西巡抚毕沅，还曾为秦始皇陵立碑。

虽然历史上多次记载有人盗掘秦始皇陵，但现代考古发掘和科学考察的结果却对这些记载提出了质疑。

首先，中华人民共和国成立后，我国考古工作者对秦始皇陵进行了探察，尤其是在秦兵马俑发现之后，考古工作者在地宫周围打了两百多个探洞。钻探资料表明，通往地宫的甬道中的五花土并没有人为扰动破坏的迹象，只发现两个直径1米、深度不到9米的盗洞。但这两个盗洞一个在陵东北，另一个在陵西侧，均远离地宫250米左右，尚未进入秦始皇陵地宫之内。现在，这两个盗洞都已被深埋在地层之中，表面完全看不出来了。至于封土层，除当年国民党军队留下的几个战壕外基本完整，未被掘动。

其次，已出土的两乘铜车马位于秦始皇陵封土下面地宫西墓道的耳室里。有史料记载秦始皇陵地宫曾遭火焚和洗劫，如果真是这样，那墓道旁的随葬品应该首先遭到破坏，我们也就看不到现在出土的任何陪葬品了。

此外，考古工作者还用先进的仪器探测到地下确有大量的水银和金属存在。这一事实更是其未遭到盗掘的有力证据。因为地宫一旦被盗，水银就会顺盗洞挥发掉。

秦始皇陵铜车马（明信片）

由此可以推断，秦始皇陵地宫可能基本保存完好，未遭严重破坏和盗掘。而历史所记载项羽盗毁的可能是陵园的附属建筑。随着最新科技手段的运用，地宫是否被盗掘和焚毁的真相将会大白于天下。

至于秦始皇陵地宫是否会发掘，考古工作者们认为，现在的科学技术，虽然可以挖掘皇陵地宫，但是挖掘后却无法保护，而且也有一定的危险性。就像兵马俑一样，挖掘出来的时候都是有彩绘的，等过了大概一周之后，颜色就全部氧化脱落，留下了永远无法弥补的遗憾。另外，对于考古学来说，秦始皇陵最外层的封土与地下埋藏的文物拥有相同的价值——每一层夯土、夯土的方式都是考察秦代夯土建筑劳动方式的重要线索，是无法复原的历史的见证。因此，预计在未来 50~100 年内秦始皇陵地宫都不会挖掘。

第二节
汉代的陵墓

汉代为我国古代墓葬方式发生大转变的时期。历代以来为墓葬主流的竖穴木椁土坑墓，在汉代转变为横穴式墓乃至砖室墓。中原一带的"空心砖墓"只流行于西汉一代，到东汉时基本上即已绝迹。大约在西汉中晚期，在中原和关中一带开始出现用小型砖建筑的墓，一般称为"砖室墓"。到了东汉，砖室墓迅速普及，成为全国各地最常见的一种墓。贵族官僚们的砖室墓规模较大，结构复杂，布局模仿他们的府第，许多墓里还绘有彩色壁画。西汉晚期开始出现的石室墓，到东汉在某些地区地盛极一时。墓室中雕刻着画像，故称"画像石墓"。墓室的结构和布局，也是仿照现实生活中的住宅。有的石室墓，也绘有彩色的壁画。东汉时期，四川省境内的砖室墓往往在壁上另嵌一种模印着画像的砖，称为"画像砖墓"。在四川各地，东汉及其以后还流行崖墓。

西汉中期以后的各种横穴式墓，特别是东汉的砖室墓和石室墓，墓室本

第三章 秦汉魏晋南北朝时期的陵墓

身就起到了椁的作用，可称"砖椁"和"石椁"，而墓室内的葬具则是有棺无椁。

西汉前期和中期，夫妻合葬仍然采取"异穴合葬"的形式。西汉中期以后，制度一变，除帝陵以外，一般都是夫妇同墓合葬。横穴式的墓室，为同墓合葬提供了方便。

汉墓中的随葬品和战国时代相比，青铜器减少，漆器的比重进一步增加。为了储存大量的食物和水，墓内常备有许多大型的陶器。西汉前期和中期，主要随葬生前的实用器。西

汉代砖室墓——洛阳汉墓

汉中期以后，增添了各种专为随葬而作的陶质明器，包括仓、灶、井、磨、楼阁等模型和猪、狗、鸡等偶像。到了东汉，明器的种类和数量更多。

在西汉中期的贵族墓中，仍然有用车、马殉葬的，但车和马都埋在墓室和墓道内，而不是在墓的附近另设车马坑。西汉晚期以后，不再用真车、真马殉葬，而是用木制或陶制的车马模型来替代。在南方地区，还有用木船或陶船的模型随葬的。

在汉代，以人殉葬是非法的。因此，在考古发掘中，除个别例外，已经见不到人殉。从商代开始的残酷的人殉制度，至此基本上终止。作为奴婢的替身，木俑和陶俑被大量地放置在上层人士的墓中。

在地面上，上层人士的墓已普遍筑有坟丘。在坟丘之前，往往设祭祀用的祠堂。东汉时盛行在墓前建石阙，并立有人物和动物的石雕像；还流行在

汉代石室墓——山东安丘汉墓

71

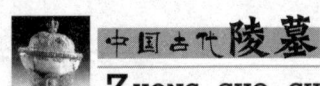

墓地上立石碑，记述墓主人的死亡日期、家族世系及生平事迹等。

汉代帝陵

据文献记载，刘邦称帝后第二年就开始为自己营建陵园，此后的西汉各帝王都在生前就营造巨大的陵墓。西汉自高祖刘邦至平帝刘衍共历 11 帝，建陵园 11 座。下表为西汉帝陵概况：

帝号及姓名	在位时间	陵名	埋葬地址	陪葬情况
汉高祖刘邦	前 206—前 195 年	长陵	陕西咸阳市窑店	
汉惠帝刘盈	前 194—前 188 年	安陵	咸阳市韩家湾	惠孝张皇后
汉文帝刘恒	前 179—前 157 年	霸陵	西安市东郊	孝文窦皇后
汉景帝刘启	前 156—前 141 年	阳陵	咸阳市张家湾	孝景王皇后
汉武帝刘彻	前 140—前 87 年	茂陵	兴平县南位	李夫人
汉昭帝刘弗陵	前 86—前 74 年	平陵	咸阳市大王村	孝昭上官皇后
汉宣帝刘询	前 73—前 49 年	杜陵	长安县东少陵原上	孝宣王皇后
汉元帝刘奭	前 48—前 33 年	渭陵	咸阳市周陵南	孝元王皇后
汉成帝刘骜	前 32—前 7 年	延陵	咸阳市周陵西南	孝成班婕妤
汉哀帝刘欣	前 6—前 1 年	义陵	咸阳市周陵东	
汉平帝刘衍	公元 1—5 年	康陵	咸阳市周陵西南	

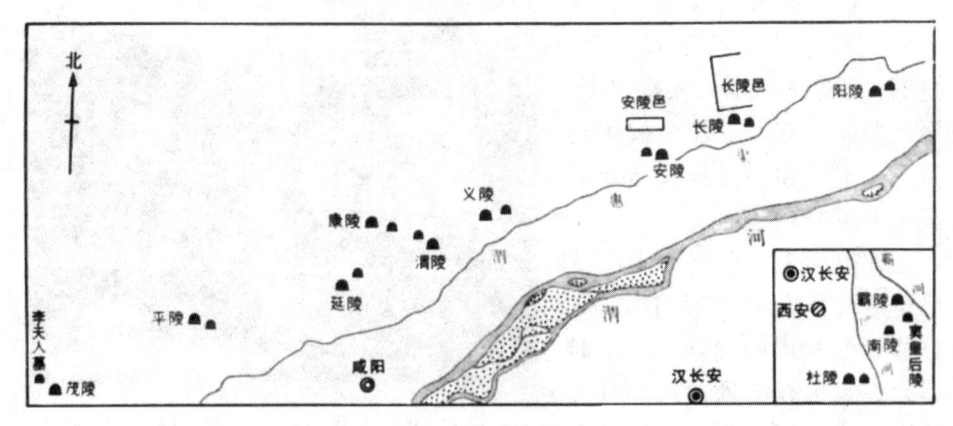

西汉帝陵分布图

从 20 世纪 60 年代初开始，文物考古工作者对西汉诸帝陵进行了多次实地勘查，基本上确定了诸陵的方位和陵园的建制、布局。西汉 11 座帝陵，分为南北两大陵区，分别位于汉长安城北的咸阳原和长安城东南的白鹿原、杜东原。

分布在咸阳原的九个帝陵都在渭河北岸今咸阳市至兴平县境内。这九座西汉帝陵，自西至东的顺序是：武帝茂陵、昭帝平陵、成帝延陵、平帝康陵、元帝渭陵、哀帝义陵、惠帝安陵、高祖长陵、景帝阳陵。

这九座帝陵西自兴平县南位乡，东至高陵县马家湾乡，绵延 50 余千米，大体可以分为三个区域。最东一区以高祖长陵为中心，西为惠帝安陵，东为景帝阳陵。最西的一区武帝茂陵在西，昭帝平陵在东。中部的一区，以元帝渭陵为中心，西为成帝延陵，东为哀帝义陵，西北为平帝康陵。最东一区是西汉最早的几个帝陵，位于汉长安城以北，与都城隔渭河相望。长陵南与长安城北面居中的安门大街正相对应。陵墓的排列，体现了古代左昭右穆制度，这一点对后世帝陵的排列产生了很大影响。

白鹿原上为文帝霸陵和其母薄太后的南陵，杜东原上为宣帝杜陵。

知识链接

昭穆制度

所谓"昭穆制度"是《周礼》中所记载的一种世系计算方法。一般父系家族的世次是按一世、二世、三世……顺序排下去的。昭穆制度规定，除始祖外，凡双数世次都为昭，凡单数世次皆称穆。在建宗庙、陵寝以及神主（牌位）摆放时，一般要以始祖为中心，凡属"昭"次者在左，凡属"穆"次者在右，由近及远依次排列。后来还衍生出"孙以王父（即祖父）字为氏"的规定。

现代人类学认为，昭穆制度可能反映了母系氏族时期"二辈制族外婚"

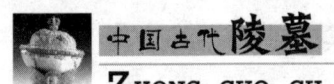

习俗的遗存。即两个氏族同辈异性可以通婚，孩子归属母亲所在的氏族对方氏族。在进入父系氏族时期以后，绝大多数古代文明不再遵循这一习俗，而只有以周人为代表的古代中国文明用"昭穆制度"将其以另外一种形式保留下来。这也就是昭穆制度进一步规定孙辈可以用祖父的字作为姓氏的文化学依据。

汉代帝后合葬，同茔而不同陵。西汉初年高祖和吕后陵墓，在同一陵园内。此后，帝后的陵墓各自修筑方形陵园，后陵多在帝陵之东，但也有少数例外，如茂陵李夫人陵、渭陵王皇后陵、安陵张皇后陵，或因死时未立后位，或因生前受贬。后陵规模较帝陵为小。帝后陵陵园的平面都呈正方形，四周筑围墙，陵园垣墙用夯土筑成，有的至今在地面上还显现得很清楚。垣墙一般边长410～430米，墙基宽8～10米，据墙体收分推测，墙高10米左右。后陵陵园一般边长330米，个别较大者边长近400米，墙基宽4米左右。每面垣墙的中央各辟一"司马门"，门前立双阙，两侧建房屋。四座门的形制大小基本一致，东门为正门。汉宣帝和孝宣王皇后陵园的东门门址经过发掘，中间为门楼，中央为通道，门两侧有左右塾，两翼有配廊。通道中间有门槛，门槛左右各有门墩一个，地面铺素面方砖。塾的四壁置壁柱，配廊中间有隔墙。塾与配廊前面均有檐廊，廊外地面用河卵石铺设规整的散水，用以承接雨水，保护地面。

西汉帝陵和陵园的建筑布局受到都城建制的影响。大多数陵墓在陵区的南部，帝陵在西，后陵在东，这种布局和长安城内皇帝所居的未央宫在西南部、皇太后所居的长乐宫在东南部非常近似。陵墓居陵园中央，陵园四面各辟一门，正门在东，其形式和未央宫的主体建筑——前殿在宫城中央、四面各辟一宫门、东门为正门的布局也是非常相似的。

陵墓构筑方式分为两类：一类为"凿山为藏"，不起坟丘，如霸陵；另一类是"穿土为穴"，地面上夯筑起高大的坟丘。坟丘都作覆斗形，底部和顶部平面多为方形，少数为长方形。底部长宽150～170米，高20～30米，其中以茂陵坟丘最大。后陵坟丘的形状一般与帝陵相同，西汉晚期更为明显，这与当时后妃地位下降显然有关。有的坟丘在靠近顶部时，四边内收形成二层台阶式。这种覆斗式坟丘外观似堂，汉代称"方上"，给人以壮观、坚固之感。

第三章 秦汉魏晋南北朝时期的陵墓

经过钻探的杜陵,四面正中各有一条平面呈梯形的斜坡墓道,大小形制基本相同,填土均经夯筑。

汉代是我国历史上厚葬最盛行的时期。尽管以节俭著称的汉文帝生前要求"以瓦器"陪葬,且"不治坟",但实际上因山为陵的工程十分浩大,仅兵士就动用了三万余人。汉昭帝暴亡,由大司农田延年负责抢修陵墓,仅为运河沙就征用了长安附近的牛车三万辆。汉成帝为了修建陵邑,于鸿嘉元年(公元前20年)借口地势不利,将已营建16年之久的延陵作废,决定在长安东新丰县境内重建新陵,名为昌陵。而由于昌陵选址地势过低,积土为陵的工程十分浩大。结果是数万名徒卒日夜劳作、经营五年仍未完工,只得停止,重新回头修建延陵。

汉代帝陵附近分布着许多陪葬坑,有的还位于墓道以内。陪葬坑有的是砖砌墙壁,有的设枋木垒成的"椁箱"。坑内放置大量陪葬品,有金银珠宝、陶俑、明器,还有实用的车马、钱币、粮食等。比如,长陵陪葬墓杨家湾汉墓的陪葬坑出土彩绘兵马俑、漆器、陶器等达2000余件。阳陵的陪葬坑在王皇后陵正南300米处,已发现了24个,占地面积96000平方米。坑作南北向的长条形和中字形,长度不等。东西共14行,行距20米,每行坑数不一,

汉武帝茂陵

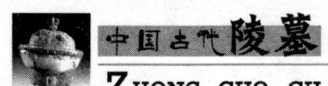

最少1个，最多6个。坑为地下隧道式，木框架结构。坑底横铺木板。两侧壁下设纵向的垫木，上立方柱，其间镶嵌枋板，并以榫卯套合。顶部先架仿木，再铺棚木。南北端有斜坡通道。坑内埋葬有木质彩绘车马和木俑、彩绘陶俑、彩绘陶动物模型，以及兵器、农具、工具、陶器等。陶俑两臂为木质。从残存痕迹观察，俑身原穿丝绸制作的战袍，外套为木片制作的铠甲。

西汉帝陵承秦制，陵园旁边多建立寝园。园内以寝殿为中心，配以便殿等构成一组建筑群。寝殿陈设皇帝的衣冠、几杖、象生之具（神座），由宫人像生前一样侍奉。便殿则是存放帝王生前衣物、葬仪用具，以及参与陵事活动和管理的官员办公、休息、宴饮的场所。西汉初帝陵寝殿大多建在陵园里，高祖和吕后陵的寝殿就在陵墓的一侧。大约从景帝开始，寝殿移到陵园以外，一般在帝陵东南，独立成园。目前尚存建筑遗迹的有景帝阳陵和武帝茂陵，均在陵园外东南方。而经过钻探和发掘的宣帝杜陵和王皇后的寝园均在陵园南侧。

以惠帝时在长陵建原庙为起始，西汉诸陵都在陵园附近建陵庙，供奉皇帝"神主"。庙的规模很大，周围筑有墙垣，内有正殿、殿门等建筑。陵庙的位置并不一致，一般都不在陵园内，也不一定与陵园建在一起。如武帝的龙渊庙、昭帝的徘徊庙均在陵东，元帝庙在陵西北，宣帝庙在陵东北。陵庙与陵墓的距离远近不一，远者几里，近者几百米。庙寝之间修建"衣冠道"。宣帝庙中央现存一座夯土台基，东西长73米，南北宽70米，厚5米，东西两边各有一条道路通往陵墓。当时祭庙活动非常频繁，除月祭外，各主要节气庆典都要举行仪式，将衣冠由寝殿迎入庙内，接受祭祀。文武大臣遇到重要事情，也要参谒陵庙。

西汉各帝陵都有很多名臣陪葬墓，成为陵寝的重要组成部分。这些陪葬墓多分布在帝陵以东司马门外神道两侧，少数在帝陵以北，形成了很大的陪葬墓地。这种布局颇似诸侯和大臣朝谒天子的布置。据文献记载，长陵陪葬者有萧何、曹参、周勃、王陵等人，都是汉王朝的开国元勋、文武重臣，至今地面上还保留有70余个高大的坟丘。坟丘多为南北向排列并成组分布，每一组内大多成对并列。陪葬墓附近还有园邑、祠堂之类的建筑。陪葬于茂陵的有霍去病、卫青、金日磾、霍光、董仲舒、公孙弘等人，多为皇亲国戚和达官显贵双重身份的人。宣帝以后各陵的陪葬者则大部以外戚或者宦官为主。宣帝杜陵陪葬墓已发现107座，分为东南与东北两个区，每个区内又有成组的墓群，但见于文献记载的陪葬大臣只有大司马车骑将军张安世、丞相丙吉、卫尉金安上和中山哀王刘竟数人。

第三章 秦汉魏晋南北朝时期的陵墓

其中特别具有代表性的是陪葬茂陵的霍去病墓。武帝为纪念他的战功，在茂陵东北修建了大型坟墓。封土上堆放巨石，形状似祁连山，以表彰他在祁连山一带抗击匈奴的丰功伟绩。墓前陈列着大型石雕，现存16座，有马踏匈奴、怪兽食羊、人抱兽、跃马、卧马、伏虎、卧象等，全部利用天然巨石分别以线雕、圆雕、浮雕技法稍加雕琢而成，手法简练、自然。石雕神态各异，猛兽凶猛，牛象温驯。马踏匈奴石雕是最具代表性的作品。马昂首站立，长尾拖地；腹下仰卧一人，高颧虬髯，手持弓箭匕首，做垂死挣扎状。从石刻上所刻文字题铭得知，这批石刻是"左司空"监造的。它们是已知我国墓前置石刻最早的一例，对以后历代陵墓前配置石刻有深远影响。

知识链接

霍去病

河东平阳（今山西临汾西南）人，是平阳公主府的女奴卫少儿与平阳县小吏霍仲孺私通后生下的儿子，父亲并不敢承认她们母子的身份。大约在霍去病刚满周岁的时候，卫少儿的妹妹卫子夫被汉武帝封为夫人，仅次于皇后。卫家的大姐卫君孺则嫁给了太仆公孙贺。她们的弟弟卫青被任命为建章监，还与长兄卫长君一起加官侍中。霍去病的命运也和卫家的命运一起发生了转机。

霍去病墓

在汉武帝讨伐匈奴的战争中，卫青很快脱颖而出。少年霍去病在舅舅的影响下，18岁领兵作战就建立了极大的功勋。此后他先后六次出击匈奴。22岁那一年，他率部奔袭两千里，一路追杀匈奴，来到了狼居胥山（今蒙古国肯特山一带），进行了祭天地的典礼。之后，霍去病继续率军深入追

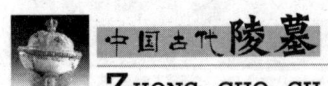

击，一直打到瀚海（今俄罗斯贝加尔湖）才收兵。从此，"匈奴远遁，漠南无王庭"。因屡建奇功，汉武帝封他为冠军侯、骠骑将军。元狩六年（公元前117年），霍去病病逝，年仅24岁。

卫少儿后来嫁给詹事陈掌（西汉开国功臣陈平的曾孙），直到儿子少年有成，她才告诉霍去病他的身世。霍去病在出征的途中专程看望了自己的生父霍仲孺，并把同父异母的弟弟霍光带回长安，悉心栽培。霍光后来得到武帝重用，是武帝临终时的托孤重臣，并成为历西汉武、昭、宣三朝的一代名臣。

　　西汉统治者对帝陵修筑和管理十分重视。修筑工作由专门机构——将作大匠和大司农直接负责。陵区开始直属中央的"太常"管辖，元帝后隶属"三辅"，设置各种官吏负责管理工作，还在陵区设陵邑。

　　陵邑的设置，始于秦始皇。汉承秦制，自汉初至元帝下诏罢置陵邑止，其间各陵都设陵邑。陵邑的作用一是供奉陵园，二是迁徙关东大族、达官巨富，以便强本抑末、巩固中央集权统治。陵邑大多数分布在帝陵以北、以东。初时相距甚近，从文帝开始距离加大，少则一二里，多则五六里。据文献记载，各陵邑的人口为3～5万户，其中许多户属豪强大族，他们广蓄奴仆，因此成为当时人口最稠密的地区。邑令的地位高于一般县令，下属官有丞和尉。陵园设园令或园长，地位略低于陵邑的县令，下属官有园丞和校长等。

　　公元25年，刘秀建立了东汉政权，建都洛阳，历12帝。据文献记载，除献帝禅陵远在河内郡山阳（今河南修武）外，其他11个帝陵都在洛阳城（今汉魏洛阳故城遗址）附近。11个帝陵也分为南北二区，北区在洛阳城西北邙山之上，有陵墓5座；南区在洛阳城东南洛水之南，有陵墓6座。在这两个区域内，高冢林立，有关帝陵的具体位置和墓主人，目前尚不能完全确认。

　　据文献记载，东汉陵园的平面布局，从明帝显节陵开始，陵园四周不筑垣墙，改用木架为界，名为"行马"；陵园内坟丘之前建石殿，寝殿建于陵园外；陵园附近都不再建庙。陵墓都是穿土为穴，地面上夯筑高大的圆形坟丘。东汉帝陵上现存的坟丘最大的周长500米，高20米；最小的周长220米，高10米。帝陵的地宫用"方石治黄肠题凑便房"。

下表为东汉帝陵简况：

帝号及姓名	在位时间	陵名	埋葬地址	陪葬情况
光武帝刘秀	25—57年	原陵	河南孟津	阴皇后
明帝刘庄	58—75年	显节陵	河南洛阳	马皇后
章帝刘炟	76—88年	敬陵	河南	窦皇后
和帝刘肇	89—105年	慎（顺）陵	河南洛阳	熹皇后
殇帝刘隆	106年	康陵	河南洛阳	
安帝刘祜	107—125年	恭陵	河南洛阳	阎皇后
顺帝刘保	126—144年	宪陵	河南洛阳	梁皇后
冲帝刘炳	145年	怀陵	河南洛阳	
质帝刘缵	146年	静陵	河南洛阳	
桓帝刘志	147—167年	宣陵	河南洛阳	郑皇后
灵帝刘宏	168—189年	文陵	河南洛阳	何皇后
少帝刘辩	189年			
献帝刘协	190—220年	禅陵	河南修武	曹皇后

知识链接

两汉帝王世系歌诀

高惠文景武昭宣，

元成哀平孺子篡。

（以上为西汉，"孺子"即孺子婴，"篡"指王莽篡权）

光明章和殇，

安顺冲质桓灵献。

（以上为东汉，少帝刘辩不计入）

汉代王侯陵墓

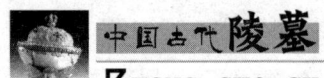

到目前为止，经过科学考古发掘的汉代诸侯王级别的墓葬，已知有53座，按照考古发现的时间列表如下：

发现地点	王位、名字及合葬情况	陵墓修建或下葬时间	葬具或墓式
长沙杨家山	长沙王刘骄		
长沙砂子塘	长沙靖王吴著	公元前157年	
云南大波那	滇王	西汉	铜棺
定县北庄	中山简王刘焉与王后	东汉永元二年 公元90年	砖石墓
曲阜九龙山	鲁王或王后墓	西汉中期	崖洞墓
同上	鲁孝王刘庆忌	宣帝甘露三年	崖洞墓
同上	鲁王或王后	西汉中期	崖洞墓
定县北陵头村	中山穆王刘畅夫妇	公元141—174年	
长沙杨家山	长沙王后墓		黄肠题凑
北京大葆台	广阳顷王刘建或燕王刘旦	元帝初元四年公元前80年	黄肠题凑
北京大葆台	广阳顷王后或燕王后	宣帝至元帝时期	黄肠题凑
徐州土山	彭城王	东汉	
贵县罗泊湾			
长沙	长沙王后	西汉中期	黄肠题凑
石家庄北郊	赵王张耳	汉初五年	黄肠题凑
睢宁刘楼	下邳王	东汉前期	
高邮天山	广陵王	西汉中晚期	黄肠题凑
定县北庄	中山怀王刘修	宣帝五凤三年公元前55年	黄肠题凑
邗江甘泉	广陵王刘荆	永平元年	砖室墓
定县三盘山	中山王	西汉中期	黄肠题凑
长沙象鼻嘴	长沙王	文帝与景帝	黄肠题凑

续表

发现地点	王位、名字及合葬情况	陵墓修建或下葬时间	葬具或墓式
贵县罗泊湾	西汉初年，南越国时期		
河北满城	中山靖王刘胜	武帝元鼎四年公元前113年	崖洞墓
河北满城	中山王靖后窦绾	武帝元狩至太初间	崖洞墓
山东巨野	昌邑哀王刘髆	武帝天汉四年—后元二年公元前97—前87年	
长清县孝堂山	济北王刘寿	公元120年	
铜山龟山	楚襄王刘注及其夫人	武帝元鼎二年	崖洞墓
贵县罗泊湾		文帝前元元年至十六年公元前179—164	
山东临淄	齐王刘襄	文帝时期	
徐州北洞山	楚王	文帝时期	
河南淮阳	陈顷王刘崇	东汉中晚期	
晋宁石寨山	滇王	西汉	
徐州南洞山	西汉某代楚王及其夫人		
广州象岗	南越王二主文王赵眛墓	武帝元朔末元狩初公元前122年	竖穴岩坑石室墓
徐州东洞山	楚王后	西汉中晚	崖洞墓
淮阳北关	淮阳顷王刘崇	公元124年	砖石墓
邗江县杨寿乡	广陵王刘守	公元5年	
昌乐县东圈	甾川国王后	西汉宣元	
山东济宁	王后	东汉桓灵	石室墓
获鹿高庄	诸侯王刘舜陵	公元前114年	
徐州楚王山	楚元王刘交陵及其家族	汉文帝元年公元前179年	
永城保安山	梁孝王墓	景帝中元六年公元前144	
永城保安山	梁孝王后墓		
长清县双乳山	济北王刘宽王后	公元前87年	封土墓

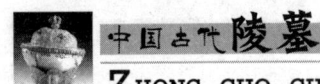

续表

发现地点	王位、名字及合葬情况	陵墓修建或下葬时间	葬具或墓式
徐州市狮子山	楚王		
晋宁石寨山	滇王	西汉	
北京老山	燕王或王后	西汉晚期	黄肠题凑
长清双乳山	济北王刘宽	天汉四年—后元二年公元前97—前87年	
长沙砂子塘	长沙靖王吴著	公元前157年	
徐州九里区	楚王刘纡	公元9年	
徐州鼓楼区	楚王	西汉早期	
章丘洛庄	济南国王	西汉初期	

由于汉代厚葬之风甚盛，随葬品种类繁多，举凡生前所用物品无不具备，因此诸侯王墓大都遭到不同时代、不同程度的盗掘。上面表中其中未被盗掘的仅有临淄齐王墓、广州南越王墓、满城汉墓、巨野昌邑王墓和长清双乳山济北王墓。

知识链接

西汉分封制度的演变

"楚汉战争"初期，刘邦为了取得其他诸侯王的支持，先后封张耳为赵王，英布为淮南王，吴芮为长沙王，臧荼为燕王，封韩国贵族信为韩王。此外，为了笼络自己的部下，封韩信为齐王，灭楚后又改封为楚王；为在垓下打败项羽，封彭越为梁王。这样在"楚汉战争"中，刘邦先后封了七个异姓诸侯王，这样对于孤立项羽，并最终打败项羽起到了巨大的作用。

但西汉建立不久，燕王臧荼便发动叛乱，刘邦亲率大军讨伐，历时数月，平定叛乱，灭掉燕。公元前200年用陈平之计，骗捉韩信归长安，废王改封淮阴侯。公元前196年韩信因参与陈豨叛乱，而被吕后杀死。后不久刘邦杀死彭越。韩王信此时投降匈奴，除国。公元前195年淮南王英布反叛，不久被刘邦镇压，英布被杀。赵王张耳死于前202年，其子张敖嗣立为王，后因谋反不成被贬为宣平侯，除国。只剩下长沙王吴芮，其封内仅二万五千户，地小力弱，无力与中央抗衡，故此得以世代相传。直至汉文帝时，才因没有子孙继承，被除国。

同时，刘邦大封同姓子弟为王，把全国大约54个郡中的39个郡的土地分给了九个同姓子弟，通过这些同姓王来消除那些异姓王，起到屏藩朝廷的作用。刘邦死后，文帝为笼络刘氏宗亲，又陆续分封了许多诸侯王。此后王国日益强大，逐渐敢与中央抗衡。

汉景帝三年（公元前154年），为对抗晁错提出的"削藩"政策，吴王刘濞串通楚、赵、胶西、胶东、菑川、济南六国诸侯王，发动了联合叛乱；同时又派人与匈奴、东越、闽越贵族勾结，用"清君侧，诛晁错"的名义举兵。景帝命太尉条侯周亚夫与大将军窦婴大破叛军。刘濞逃到东瓯，为东瓯王所杀。其余六王皆畏罪自杀，七国都被废除。

汉武帝元朔二年（公元前127年）春正月，武帝接受主父偃的建议，颁布推恩令。规定诸侯王死后，嫡长子继承王位，其他子弟分割王国部分土地为列侯，列侯归郡统辖。因此，王国土地日益缩小，朝廷直辖土地不断扩大，最终解决了中央与诸侯王国之间的关系问题。

汉代的诸侯王墓在构筑形式上可分两大类。一类是竖穴土坑，即在地面下挖出长方形坑，再在坑底用木板构筑墓室（简称"木椁墓"），或用石板（块）砌造墓室（简称"石室墓"），或用小型长方砖砌造墓室（简称"砖室墓"）。另一类是崖洞墓，即开凿山洞，将整个墓葬全部穿凿在山中，如满城陵山中山靖王刘胜夫妇并穴合葬墓、铜山龟山楚襄王刘注墓；也有在山坡或山顶上先开凿出竖穴石圹，然后在圹底用石块或木板建造墓室，如广州象岗南越王赵眛墓、高邮天山广陵厉王刘胥夫妇并穴合葬墓。这两种不同的凿山造墓方法，都可以达到"凿山为藏"的作用。

西汉早期的诸侯王墓,大多沿袭战国以来的竖穴土坑木椁墓墓制。注重高大坟丘,深邃墓室,多重棺椁,随葬带有周代礼制象征的铜陶器。大约到文景时期,模拟地上府第建筑的风气开始流行,椁室规模趋向宏大,诸侯王享用的"黄肠题凑"葬制和诸侯王列侯均可享用的玉衣殓服大量出现,显示现实生活豪华高贵的丝织品、铜器、漆器、玉器、金银器以及车马、炊厨食品等,都随同埋入墓室中。崖洞墓也在文景时期兴起,洞穴中分为前室、中室、后室、耳室、侧室、回廊,如同地上府第。随后,为模拟地上府第提供更加方便的石室墓、砖室墓相继出现,特别是砖室墓,传播最快。东汉时期,砖室墓占居绝对优势,费工巨大的崖洞墓走向衰退,"黄肠题凑"葬制也因不能适应砖室墓墓制而一度改用象征性的"题凑石"(方石)。东汉中期以后,大型多室砖墓更加流行,强宗豪族僭越诸侯王列侯葬制的越来越多,"题凑石"实际上归于消失,玉衣也不再是王侯的专用品。东汉末期,战乱不息,社会动荡,经济凋敝,盗墓风行,诸侯王列侯的豪华墓葬呈现全面衰败,与一般百姓的墓葬逐渐混同。

汉代诸侯王墓以下面几座为代表。

1. 满城汉墓

满城汉墓是西汉第一代中山王——中山靖王刘胜(1号墓)及其妻窦绾(2号墓)之墓,位于保定城西北21千米(满城县西南1.5千米)处满城县陵山之中。1968年,解放军某部在此施工时偶然发现了这处墓葬,经周恩来总理亲自批示发掘。

满城汉墓是中国目前保存最完整、规模最大的山洞陵墓。两墓的墓道及墓室均凿山而成,呈弧形,平面布局上两墓则大同小异。1号墓墓门朝东,全长51.7米,最宽处37.5米,最高处6.8米;容积约2700立方米。全墓分墓道、甬道、南耳室、北耳室、中室和后室等六部分。除墓道外,各墓室都放置有随葬器物,总计随葬器物3100多件,全部是实用品,另有五铢钱2317枚。2号墓,在1号墓北侧。就墓室建造来说,规模之巨大、气魄之宏伟、开凿之工整,均超过刘胜墓的水平;其密封比刘胜墓更为坚固严密,库房和车马房亦比刘胜墓为大。

从随葬器物的出土位置看,南、北耳室是车马房和库房,宽宏富丽的中室象征墓主人生前宴饮作乐的前堂,后室是象征卧室的内室。墓道为斜坡式,

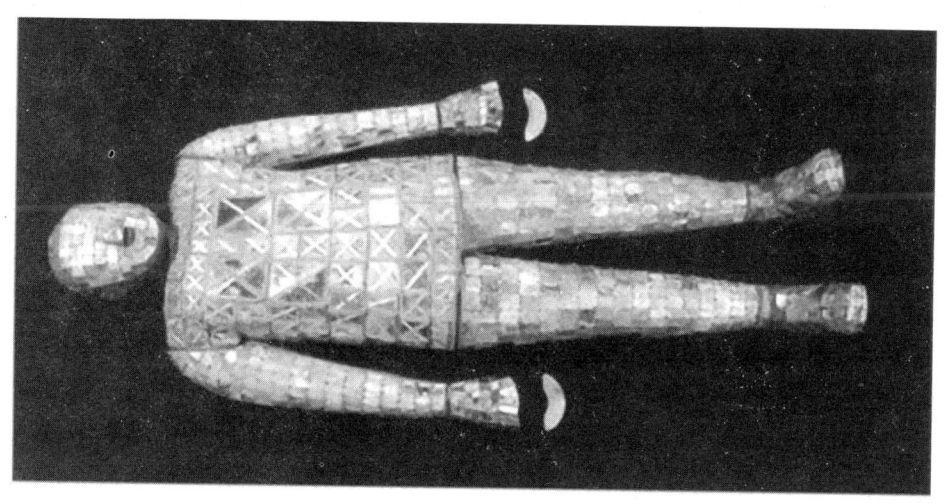

第三章 秦汉魏晋南北朝时期的陵墓

满城汉墓出土的金缕玉衣

整个墓道先用石块填满，墓道口用两堵土坯墙封门，两堵土坯墙之间灌以熔化的铁水，铸成一道铁墙。甬道紧接墓道，长 6.76 米，宽 4.5~4.8 米，高 5.3 米，在其两侧为对称的南、北耳室。两耳室均作长条形，长 16 米多，宽 3 米多，高 4.35~5 米。甬道和南耳室共置实用的车 6 辆、马 16 匹、狗 11 只、鹿 1 只。北耳室置陶器，器内原盛酒、粮食、鱼类等。甬道尽端通入中室。中室平面近似方形，长 14.92 米，宽 12.6 米；四壁弧形，穹窿顶，高 6.8 米。中室主要摆放铜器、铁器和陶器，室内还张设两具帷帐。中室、南耳室、北耳室和甬道内，原来都建有瓦顶的木结构房屋，出土时已倒塌。中室后面是后室，隔以石门。后室亦作穹窿顶的岩洞，岩洞中用石板建成石屋，有门道、主室和侧室三部分。环绕后室还开凿一道回廊。后室门道置石俑、弩机。主室象征内寝，内设汉白玉石铺成的棺床，上置棺椁，载以枢车，棺椁内及周围放置大量铁兵器、日常生活用具和五铢钱。侧室象征盥洗室或浴室，内置熏炉、铜灯等。墓内有完整的排水系统。

死者身着金缕玉衣，头枕镶玉铜枕，腰部左侧佩铁刀一把，右侧佩铁剑两把。玉衣全长 1.88 米，由 2498 块玉片，以金丝编缀而成，所用金丝重 1100 克。出土铜器铭文中有"中山府""中山内府"，封泥文字"中山御丞"，铜器、漆器铭文纪年又都在 30 年以上。据《汉书·诸侯王表》推定，被葬者应是中山靖王刘胜，死于武帝元鼎四年（公元前 113 年）。

满城汉墓代表了西汉前期诸侯王的墓葬结构和埋葬制度，为研究西汉前期的政治、经济、军事、文化和科学技术提供了重要的实物资料。除了1、2号两座主墓以外，陵山主峰南坡尚有18座小型陪葬墓有待进一步发掘。

2. 大葆台汉墓

大葆台汉墓位于北京城南约15千米的丰台区花乡郭公庄南，是西汉广阳顷王刘建墓（1号墓）与王后墓（2号墓）。两墓东西并列，上部封土连成高大坟丘，长90米，宽50.7米，高8米。坟丘下是墓圹，呈覆斗形，上口长26米，宽21米；圹底长23.2米，宽18米，深近5米。墓室外侧上下四周铺木炭和白膏泥，内部规模宏大，结构特殊，好似一座工程浩大的纯木结构地下宫殿，由几百立方米的柏木、楠木等珍贵木材构筑而成，包括外藏（包括墓道、甬道、外回廊）和内藏（包括前室、后室、便房和内回廊）两部分。墓道在墓圹之南，残长34米。外回廊宽1.6米，平面呈回字形，内置有豹、马、雁等禽兽和陶器、铁器、漆器等。在内回廊与外回廊间以黄肠题凑隔开，

大葆台汉墓的椁室，可见"黄肠题凑"形制

它由大约15800根柏木条堆垒而成。柏木条长90厘米，宽厚均约10厘米；木头都向内，横向排列垒成，共30层，无榫卯加固，顶端用压边木加固；总长42米多。外围长16米，宽10.8米，高3米；内围长14.2米，宽9米，高3米。墙正南辟门，门内为前室，放置漆床、六博和陶器，象征墓主人的朝会、宴享。门通向甬道。后室用扁平立木围成的椁室，有二椁三层棺，板材为楸、楠、檫木；还有大量玉器及玉衣残片，死者已被盗出棺外。内回廊放置陶器，墓道内埋置彩绘朱轮木车3辆，马13匹，是实用真车马，等级属于专供皇太子及诸侯王乘坐的"朱斑轮青盖车"。此墓早年被盗，剩余随葬器物尚有陶器、铜器、铁器、玉器、漆器、丝织品等共400余件，五铢钱100多枚。其中渔阳铁斧是汉武帝实行盐铁官营政策的实物见证；鎏金兽面铺首、嵌玉鎏金龙头枕、龙凤玉璧、螭虎白玉佩、墨玉舞人、缠丝鸡血红玛瑙等为汉宫珍饰。

大葆台汉墓代表了西汉晚期诸侯王墓的规模和形制。

3. 定县北庄汉墓

河北定县北庄汉墓是东汉中山简王刘焉夫妇的合葬墓，代表了东汉前期诸侯王墓的形制。该墓坟丘高20米，底边长宽各40米。坟丘地下是一座以石材为题凑的大型砖室墓。斜坡墓道长50多米，一侧附耳室。墓室平面呈凸字形，由甬道、横列前堂、方形后室和回廊组成。题凑位于砖室外围，用经过加工的石块单道叠砌，形成一圈绕墓室的石壁，四边各长20米，高8米，厚1米左右。在砖室券顶上又平铺石块三层，厚约80厘米。共用石材4000余块，大部分凿成近方形，长宽各1米左右，厚约25厘米。其中174块有铭刻或墨书文字，内容为进贡石材的县名和石工的籍贯、姓氏，个别的刻有尺寸。墓葬早年被盗，后室棺椁已毁，仅存少数骸骨和属于两个个体的鎏金铜缕玉衣片5169片。劫余的重要器物有刻文"建武卅二年二月"的铜弩机，"大官釜"陶釜，少数玉衣片背面有"中山"墨书，以及玉枕、玉带钩、玉窍塞和东汉五铢钱153枚。

4. 定县北陵头43号汉墓

河北定县北陵头43号汉墓是东汉中山穆王刘畅及其王后的合葬墓，是东汉晚期诸侯王墓的代表。该墓坟丘高12米，底边直径40米。坟丘地下砖砌墓室，规模宏大，由墓道、甬道、东耳室、西耳室、前室、中室、东后室、西后室组成。墓室南北全长27米多（不计墓道），最宽处13.8米。斜坡式墓道在墓门南边，未发掘。墓门内有甬道直通中室。在甬道两侧各有一门通入耳室。两耳室平面均呈长方形，东耳室内主要放置陶饮宴器具；西耳室内放置车马器和仪仗用具。甬道与前室连接处又设一封门。前室长5米，宽2米，放置大量陶俑。前室北部接中室，中室作横列式，宽敞高大，长10.5米，宽3.06米。中室后部有两条甬道分别通入东后室、西后室。两后室各置一棺一椁，均腐朽，仅存漆皮。墓葬早年被盗，两具骨架弃置中室。在东耳室内发现铜缕大理石片400多片和错金铁镜；西后室内发现银缕玉片1100多片，以及错金铁刀、铁剑等兵器。由此知西后室的被葬者是男性，身着银缕玉衣；东后室的被葬者是女性，身着铜缕石衣。随葬器物大多被扰乱，劫余的重要器物有掐丝的金龙、金辟邪、金羊群、银盒、青玉座屏、玉璧、玉璜、铁镜，以及各种铁兵器和玉石饰品，还有东汉中晚期的五铢钱235枚。

4. 长沙马王堆汉墓

汉代列侯墓的形制，可以从著名的长沙马王堆汉墓窥见一斑。

马王堆位于湖南省长沙市东郊的浏阳河西岸，距长沙市中心4千米左右，是河湾平地中隆起的一个大土堆。堆上东西又各突起土冢一个，其间相距20余米。两冢顶部平圆，底部相连，形似马鞍，故最初被称马鞍堆。

长沙为汉长沙国首府临湘所在地。该墓地曾被讹传为五代十国时楚王马殷的墓地，故称马王堆；又曾被附会为长沙王刘发埋葬其母程、唐二姬的"双女墓"。

1971年底，当地驻军在马王堆的两个小山坡建造地下医院，施工中经常遇到塌方，用钢钎进行钻探时从钻孔里冒出了呛人的气体，有人用火点燃了一道神秘的蓝色火焰。接到消息的湖南省博物馆马上意识到，人们遇到的是一座古代墓葬。1972年1月，湖南省博物馆与中国科学院考古研究所发掘了1号墓；1973年至1974年初，又陆续发掘了2号、3号墓。

2号墓发现了"长沙丞相"、"轪侯之印"和"利仓"3颗印章，

长沙马王堆汉墓封土堆外观

表明该墓的墓主为汉代长沙国的第一代国相——轪侯利仓。据《史记》和《汉书》记载，利仓卒于汉惠帝二年（公元前193年）。1号墓发现了50岁左右的女性尸体，墓内又出"妾辛追"骨质印章，墓主应是利仓的妻子辛追。3号墓墓主遗骸属30多岁的男性，可能是利仓儿子的墓葬。3号墓出土的一件木牍，有"十二年十二月乙巳朔戊辰"等字样，标志着该墓的下葬年代为汉文帝十二年（公元前168年）。1号墓在构建时分别打破2号墓和3号墓的封土，则其年代应再晚些。

马王堆汉墓在造墓时是在原土丘上积土夯筑，先在土丘上挖出墓坑的下半部，再用版筑法夯筑出墓坑的上半部和墓道，入葬后填土夯实，从而筑起高大的坟丘。

3座墓的墓坑基本相同，都是北侧有墓道的长方形竖穴。1号墓的墓坑最大、最深，墓口南北长19.5米，东西宽17.8米；以下有4层台阶，再下则是斗形坑壁，逐渐缩小，直达墓底。墓底长7.6米，宽6.7米，深16米。另外两座墓的规模略小，墓坑较浅，墓壁只有3层台阶。

3座墓的墓底和椁室周围，都塞满木炭和白膏泥，然后层层填土，夯实封固。1号墓填木炭厚0.4~0.5米，总重量达5000多千克；分布在木炭层外的白膏泥，厚1~1.3米，黏性甚强，渗透性极低，对于密封起决定性作用。1号墓的白膏泥堆积既厚又匀，封固严密，使深埋地下10多米的椁室形成高标准的恒温、恒湿、缺氧、无菌环境，基本排除物理、化学、生物等因素对各种物质的损毁作用，故墓内的多层棺椁、墓主尸体及随葬器物都完好地保存下来。另外两座墓，特别是2号墓，则因白膏泥堆积较薄，分布不匀，密封程度不好，墓内的保存情况较差。

1号墓和3号墓的棺椁都保存相当完整，结构大体一致，但规模有一定的差别。1号墓的庞大椁室和4层套棺置于墓坑底部正中，采取扣接、套榫和栓钉接合等方法制作而成，约用木材52立方米。椁室用巨大、厚重的松木板构筑，长6.73米，宽4.9米，高2.8米，下置三条垫木和两层底板；再竖4块壁板和4块隔板，便形成井字形椁室，居中为棺房，四周分别为头箱、足箱、左边箱、右边箱，上部覆盖顶板和两层盖板。4层套棺用梓属木材制作，内壁均髹朱漆，外表则各不相同。外层的黑漆素棺体积最大，长2.95米，宽1.5米，高1.44米，未加其他装饰。第2层为黑地彩绘棺，饰以复杂多变的云气纹及形态各异的神怪和禽兽。第3层为朱地彩绘棺，饰以龙、虎、朱雀和仙人等祥瑞图案。第4层为直接殓尸的锦饰内棺，内髹朱漆，外髹黑漆，盖板上覆盖帛画一幅，横加两道帛束，再满贴以铺绒绣锦为边饰的羽毛贴花锦。3号墓的椁室南边箱多一纵梁。套棺3层，外棺和中棺的外表均髹棕黑色素漆，未加其他装饰，内棺则在加帛束之后满贴以绒圈锦为边饰的绣品。从2号墓残存的痕迹看来，结构和1、3号墓有所不同，椁内置2层棺。

1号墓死者置于内棺中，葬式为仰身直肢直伸，全身裹殓各式衣着、衾被及丝麻织物18层，连同贴身衣2件，共20层。尸体长154厘米，外形完整，全身润泽柔软，部分毛发尚存，部分关节可以弯动，许多软组织比较丰满，柔润而有弹性。古尸内脏器官保持了完整的外形，相对位置基本正常。这是世界上已发现的保存时间最长的一具湿尸。

马王堆汉墓的发掘，为研究西汉初期手工业和科学技术的发展，以及当时的历史、文化和社会生活等方面的状况，提供了极为重要的实物资料，对我国的历史和科学研究均有巨大价值，其出土文物珍贵异常。

三座汉墓共出土珍贵文物3000多件，绝大多数保存完好。其中500多件各种漆器，制作精致，纹饰华丽，光泽如新。珍贵的是1号墓的大量丝织品，保护完好，品种众多，有绢、绮、罗、纱、锦等。有一件素纱禅衣，轻若烟

马王堆一号汉墓墓主人——辛追夫人复原蜡像

雾，薄如蝉翼，该衣长 1.28 米，且有长袖，重量仅 49 克，织造技巧之高超，真是巧夺天工。出土的帛画，为我国现存最早的描写当时现实生活的大型作品。其他还有彩俑、乐器、兵器、印章、帛书等珍品。

特别是 3 号墓出土的大批帛书，总计达 10 多万字，是不可多得的历史文献资料。帛书的内容涉及古代哲学、历史和科学技术许多方面。经整理，共有 28 种书籍，12 万多字。另外还有几册图籍，大部分都是失传的佚书。2 号汉墓出土的地形图，其绘制技术及其所标示的位置与现代地图大体近似。

在帝、王、侯的陵墓以外的汉墓还有很多。除西藏、台湾以外，全国各省都有发现。粗略地计算，总数四五万座，已发掘的已有一万座以上。发现数量比较多、分布比较密集的地方是秦汉时代帝国及王国的都城和郡县所在地。这些墓都在不同程度上反映了当时当地的文化特点，还需要进行大量的研究。

第三节 三国与西晋时期的陵墓

三国和西晋的统治者迫于经济困难，无力营建规模宏大的陵寝，其墓葬与秦汉帝王陵墓比较，已大为逊色。他们为防止死后陵墓被盗掘，往往"依山为陵，不封不树"，不建寝殿，不设园邑，不设神道，地面上不留任何痕迹，这让后人很难发现。

自魏晋以来，规模宏大、雕刻精致的画像石墓已很少见了。贵族官僚的墓，一般都是砖室墓，有时设石门。和汉墓相比，墓室的平面布局简化，面积减小。但是，在墓室的细部结构和设施方面却有一些新的发展。例如：洛阳西晋墓中有角柱与斗拱，南京东晋墓中有直棂窗。从汉末、魏晋开始，各地都流行在墓室中设棺床。在长江流域的晋墓中，有时还有灯龛和台桌。这些结构和设施，都是用砖砌成，使得墓室更像现实生活中的居所。

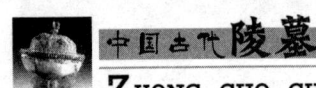

魏晋之际，辽东、河西等边远地区的豪族大姓，沿袭汉代旧制，营建砖石结构的大墓，在墓壁和砖面上施彩画，其题材多与汉墓壁画相似。

魏晋墓葬中的随葬品集成了汉代以来流行的仓、灶、井、磨等陶制模型和家禽、家畜的陶制偶像继续沿用，但往往形体不大，制作粗简。贵族官僚阶级墓中的随葬品，主要是各种陶俑。

用陶制的"镇墓兽"随葬，是从西晋开始的。西晋墓中的镇墓兽往往只有一件，做四足直立状。

魏晋时代开始在墓内置墓志。两晋的墓志，或为石质，或为砖质，形状多为长方形；而洛阳发现的年代较早的西晋墓志则作碑形，可见它是从墓碑演变而来的。

三国帝陵

三国帝陵的基本情况列表如下：

曹魏帝陵：

帝号及姓名	在位时间	陵名	埋葬地址	陪葬情况
魏太武帝曹操	后追封	高陵	河南安阳	武宣卞皇后
魏文帝曹丕	220—226年	首阳陵	河南渑池	文德郭皇后
魏明帝曹睿	227—254年	高平陵	河南孟津	明元郭皇后
高贵乡公曹髦	255—260年		河南洛阳	
魏元帝曹奂	261—265年			

蜀汉帝陵：

帝号及姓名	在位时间	陵名	埋葬地址	陪葬情况
蜀昭烈帝刘备	221—223年	惠陵	四川成都	昭烈皇后甘氏、穆皇后吴氏
蜀后主刘禅	223—264年		河南洛阳	

东吴帝陵：

帝号及姓名	在位时间	陵名	埋葬地址	陪葬情况
吴武烈帝孙坚	后追封	吴陵	江苏丹阳	吴夫人
吴大帝孙权	222—252年	蒋陵	江苏南京	步皇后、潘夫人
吴会稽王孙亮	253—258年			
吴景帝孙休	259—264年	定陵	安徽当涂	朱夫人
吴末帝孙皓	265—280年		河南洛阳	滕夫人

1. 魏武帝曹操高陵

采用"不封不树"的办法防止陵墓被盗掘，这种做法始于魏文帝。东汉魏武王（曹丕称帝后尊为魏武帝）曹操死后葬于高陵，位于今河南省安阳县安丰乡西高穴村南。魏文帝以"古不墓祭"的理由禁止修建坟丘和地面建筑，所以民间一直有曹操设"七十二疑冢"的说法。其实，"古不墓祭"只是曹丕的借口。就在同一年，他为自己营建陵寝时道出了真正的原因：鉴于"汉氏诸陵无不发掘"，因而决定"因山为体，无封无树，无立寝殿……使易代之后不知其处"。原来，他是怕改朝换代、政权交替时，自己的尸体陵寝也像汉代帝王的陵墓一样，被人盗掘。魏文帝的这个决定，对时局动荡不定的魏晋南北朝影响很大。200多年间，没有出现大型的陵墓，豪富家族的厚葬风气，也大为收敛。

2008年，河南省文物局拟对安阳县境内一东汉大墓进行抢救性发掘。由于该墓葬西面是砖场取土区，墓圹西部填土被下挖约5米，使其局部暴露出来，引起多次盗掘。2008年春，有画像石等遗物被盗。为了抢救地下剩余文物，避免墓葬遭到进一步破坏，经国家文物局批准，河南省文物考古研究所于2008年12月中旬开始对此墓葬进行抢救性发掘。共清理了两座墓葬，分别编号为1号墓、2号墓。2009年12月27日，河南省文物局公

曹操墓墓门

布，经考古发掘得到确认，其中的 1 号墓就是曹操墓，也就是史籍所载的高陵。

通过这次考古发掘，高陵的形制、规模和结构等情况已基本清楚。

高陵的陵园为长方形，其西部已被破坏，情况不明。陵园南北宽 69 米，北墙残长 110 米，南墙残长 108 米。墙基宽 3 米，基槽深 1.1～1.2 米。在东墙正对 1 号墓和 2 号墓的墓道部位，分别发现有两个缺口，应是门道遗迹。

1 号墓由墓道、砖砌护墙、墓门、封门墙、甬道、墓室和侧室等部分组成，平面为甲字形，占地面积约 740.78 平方米；坐西向东，全长近 60 米；剖面形状为刀形。整个墓葬规模宏大，结构复杂。

墓道长 39.5 米，南半部呈阶梯状，北半部呈斜坡状，上宽下窄，上口宽 9.8 米，底部宽 4.1 米。墓道两壁分别有 7 个台阶，逐级内收。在墓道与墓门交接处的南北两壁各有一道长 5 米、高 4 米的小砖砌护墙，每面墙的墙体内立有 5 根原木立柱作为龙骨，原木关节纹理清晰可辨。墓道填土含有大量料僵石，经平夯夯实，夯层厚 0.12～0.42 米不等，十分坚硬。

墓门为砖砌双券拱形门，由于被破坏，仅留 0.24 米宽的门槽。外有 3 道封门墙：外层封门墙为竖放立砖，中层封门墙为错缝横砌，内层封门墙为斜立砖。整个封门墙厚度达 1.45 米。门后甬道为砖砌，券形顶，青石铺地，长 2.85 米，宽 1.68 米，拱高 0.8 米，通高 2.58 米。

墓室位于墓道西部偏北，分前、后两室。墓室前室平面近方形，东西长 3.85 米，南北宽 3.87 米；墓顶距墓底高 6.4 米；青石铺地。前室有南北两个平面为长方形的侧室。前室与侧室、后室之间由甬道相连。后室东西长 3.82 米，南北宽 3.85 米，墓顶距墓底高 6.5 米；青石铺地。在后室靠后部发现 6 个石葬具痕迹，推测应有石棺床一具，其上放置木棺。后室亦有南北两个平面为长方形的侧室，通过甬道相连。

由于墓室多次被盗，多数陪葬品已被洗劫一空，残存的也都被挪动了位置。其中在前室内出土有鎏金铜盖弓帽，铁铠甲、链、剑，大量陶器残块，以及刻有"魏武王常

曹操墓墓道

所用格虎大戟"和"魏武王常所用格虎短矛"等圭形石牌7块。在前室南侧室内发现了2件陶俑。后室内多处发现有漆木器，仅留局部，器形不明。还出土有石圭、璧和金丝、金钮扣、玉饰件、云母片、铜泡钉、铁镜、画像石残块等，以及数量较多的棺钉，有的长达20厘米。在后室南侧室的门道部位还集中出土了一些六边形刻铭石牌。

2号墓位于1号墓的南面，墓葬开口于地表下2米处，墓上未见封土。墓室西部断崖处有一直径3.8米、深3米的大型盗洞，未盗到墓室。断崖下有南、北两个盗洞，其中1号盗洞由于上部地层已经被砖场取土时挖掉，时代不明；2号盗洞为现代所挖，直径约1米。在清理1号盗洞时，在距地表5米处的盗洞周围，出有大量画像石残块。墓葬前室的部分铺地石已被揭去，特别是其北侧室的铺地石，破坏严重。后室中部靠近甬道的一块铺地石也被揭取并砸碎，还向下挖了一个深坑。2号墓出土了刻有魏武王"常所用长犀盾"字样的石牌、铁质铠甲片、陶器、漆器等遗物。

同时，1号墓还出土有大量画像石残块。这批画像石画工精细娴熟，雕刻精美，内容丰富，有"神兽""七女复仇"等图案，并刻有"主簿车""咸阳令""纪梁""侍郎""宋王车""文王十子""饮酒人"等文字，为汉画像石中罕有的精品。

在清理1号墓室当中发现分属一男两女三个个体的人骨，其中墓主人为男性，专家认定年龄在60岁左右，与曹操终年66岁相近，推测可能就是曹操的遗骨。

2. 蜀昭烈帝刘备惠陵

蜀先主昭烈皇帝刘备的惠陵位于四川成都市南郊。

惠陵为夯土垒筑而成，呈圆形。砖砌成的垣墙环绕陵冢，周长180多米。古冢拔地突起，红砖垣墙环绕，苍松翠柏掩映，庄严肃穆。陵前有乾隆年间刻制的穹碑一通，碑身镌刻"汉昭烈皇帝之陵"七个苍劲有力的大字。陵的前方建有寝殿。

惠陵西侧建有"昭烈庙"和"武侯祠"。从昭烈庙的大殿后通往武侯祠，要下数节台阶，因为古代君臣关系决定了武侯祠要低于汉昭烈庙。武侯祠是纪念三国时蜀汉丞相诸葛亮的祠堂，诸葛亮生前封"武乡侯"，死后谥号"忠武"，故纪念他的祠堂称作"武侯祠"。据记载，武侯祠始建于公元4世纪。

明朝初年，朝廷把"武侯祠"并入"昭烈庙"。重修后的昭烈庙颇为壮观，大门横额楷书"汉昭烈庙"金字大匾。但这一建筑早已毁于兵火，现在的昭烈庙和武侯祠是清康熙年间重建的。

也有一种意见认为，惠陵只是刘备的衣冠冢，刘备遗骨葬在彭山或奉节。

惠陵封土一角

惠陵在历史上一直得到了妥善保护，似未被盗掘。究其原因，民间传说认为是因为墓室的机关全部是诸葛亮设计的，所以没人敢去盗。

西晋帝陵

西晋帝陵的基本情况列表如下：

帝号及姓氏	在位时间	陵名	埋葬地址	陪葬情况
晋武帝司马炎	265—290年	峻阳陵	河南洛阳	武元杨皇后
晋惠帝司马衷	291—306年	太阳陵	河南洛阳	
晋怀帝司马炽	307—313年			
晋愍帝司马邺	314—316年			

西晋建都洛阳，历4帝51年。怀帝、愍帝均被刘聪杀死在平阳外，前两位皇帝——武帝、惠帝均崩于帝位，加上追封的宣帝（司马懿）、景帝（司马师）、文帝（司马昭）共五帝，其陵均应在洛阳一带。但《晋书》只记载陵号，陵址均略而不详。

司马懿一贯老谋深算，他究竟会把陵墓选在哪里呢？史书上只说司马懿死前"预作终制，于首阳山为土藏，不填不树"，并且说死后"葬于河阳"。首阳山在偃师北，河阳指河洛之北，范围很大，确切位置不得而知。清乾隆年间，洛阳知县龚松林把一座土冢认定为司马懿墓。这个土冢在洛阳老城以北河西岸，经知县大人之手与司马懿挂上钩后，游客纷至沓来，在土冢前凭

第三章 秦汉魏晋南北朝时期的陵墓

首阳山景色

吊怀古，抒发对司马懿的种种复杂微妙的感情。200年后，盗墓贼终于凿穿了厚厚的黄土，本希望从这个大墓冢中发一笔横财，谁知竟然更正了一个历史错误。盗墓贼从土冢内挖出一方墓志，一看才知道这是北魏清河王元怿之墓。1965年，考古人员从盗洞进入墓室进行考证，发现该墓确实是北魏墓的形制，司马懿墓之说纯属无稽之谈。

直到20世纪80年代，考古工作者利用先进的探测仪器进行勘探，才最终确定了西晋皇陵的大体位置。

西晋皇陵分东西两区，东区在偃师市城关镇潘屯、杜楼两村以北的枕头山下，西区在首阳山镇南蔡庄北的鏊子山下，两区相距数里。

其中东区共探出5座墓葬，均坐北朝南。其中1号墓规模最大，规格最高，墓道长46米，宽11米，墓室长4.6米，宽3.7米，高2.5米。该墓位于墓地东部，居尊位，与其余4座墓相距约50米。墓地周围残存有陵园及建筑遗迹。东垣长384米，西垣和北垣均长330米，南垣未见痕迹。在陵区内探出两处建筑遗迹：一处位于东垣最北端，居墓地东北角，为一长方形夯土台；另一处位于西垣南侧，由三块夯土基址组成。研究者认为这一处墓地中的1号墓即晋文帝司马昭的崇阳陵。

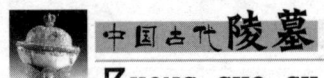

西区有墓葬 23 座，均坐北朝南。墓地内墓葬布局排列有序，主次分明，显示出死者生前的尊卑关系。其中 1 号墓位于墓地最东端，居于尊位，且在墓地中规模最大，其墓道长 36 米，宽 10.5 米，墓室长 5.5 米，宽 3 米，高 2 米，故此墓主人是该墓地生前地位最高者。考古工作者初步认定这个俗称"峻陵儿"的墓地中的 1 号墓为晋武帝司马炎的峻阳陵。

崇阳陵和峻阳陵位置的确定为进一步确定西晋皇陵提供了重要的坐标。

第四节
东晋与南北朝时期的陵墓

六朝陵墓继承了西汉时期的依山为陵，东汉时期不置陵邑、不建陵庙、陵园四周不筑垣墙等葬制，但在陵前设置长神道、神道两侧立对称石刻等方面又有新的发展。

十六国时期，入居中原的北方少数民族统治者，为防止坟墓被盗掘，大多沿用本族流行的"潜埋"而不起坟的葬法，所以他们的坟墓也不易被发现。北朝砖室墓的墓道甚长，其接近墓室的部分是一段隧道。随着年代的推移，隧道逐渐加长。到了北魏，有的墓在隧道的顶部开凿天井，直通地面。北朝后期，有些大墓的隧道长达 20 米，天井有三四个之多。这是出于对现实生活中的住宅的模仿，天井越多，越显得门多宅深，院落重重。

十六国时期在中原一带，很少有在墓内绘壁画的；但到了北魏，壁画又重新流行。长江流域的东晋和南朝，则流行用模印着画像的砖来装饰墓壁。

这一时期的随葬器物，主要是陶瓷器如杯、盘、碗、壶、果盒等饮食器皿和熏炉、唾盂、虎子等生活用具。其形制往往因地区而有差异，有的器物仅见于南方而不见于北方。总的来说，瓷器的数量激增，长江流域尤其如此。在整个南北朝时期，一般而言，时代越晚，随葬俑的种类和数量就越多。起初是少数男女侍者和武士，大约从五胡十六国时期开始，又大量增添骑兵、步卒、文吏、武弁以及吹鼓手之类。除家内奴婢外，大部分是墓主人出行时的仪仗队，它们具有明显的军事性质，反映了当时各地统治者拥有私人的武装部队。大同北魏前期的司马金龙墓和洛阳北魏后期的元义墓中的仪仗俑，竟达数百件之多。北魏后期，在墓门的两侧，还往往有一对形体特别高大的守门卫士俑。在南方地区，除陶俑外还有瓷俑，但用俑随葬的风气不如北方盛。从汉末至魏晋，统治阶级常乘牛车，长期因袭不改。在两晋南北朝时期，贵族官僚墓中多用陶制的牛车模型随葬。上述由各种陶俑组成的仪仗行列，便是以牛车为中心的。

北魏镇墓兽（1965年洛阳市老城盘龙塚元邵墓出土）

长江流域的东晋、南朝墓，镇墓兽多保持西晋时的形态，缺乏变化。而北魏墓中的镇墓兽则成双摆放，置于墓门的两侧，做卧伏状。到了北魏后期，墓中的两件镇墓兽，一为兽面，另一为人面，都做蹲坐状。

到了北魏后期，开始流行方形有盖的石质墓志，从此以至隋唐，遂成定制。

东晋与南朝的陵墓

据文献记载，六朝（东吴、东晋、宋、萧齐、梁、陈）时代帝王陵墓有71处，至今地面有遗迹，已经发掘可能属于帝王陵墓的约有40处，集中分布在江苏省南京市和丹阳市两地。中华人民共和国成立前后，曾做过多次调查，并发掘了其中一些陵墓。如南京东晋穆帝永平陵和恭帝冲平陵，丹阳南齐景帝修安陵、宣帝永安陵或高帝泰安陵、东昏侯墓或和帝恭安陵，南京陈文帝永宁陵和宣帝显宁陵，以及梁安成康王萧秀墓等。

据史籍记载，东晋11个皇帝有10个葬于建康（今南京）城外，其中元、明、成、哀四帝陵墓在鸡笼山（今九华山）之阳；康、简文、孝武、安、恭五帝陵墓在钟山之阳；穆帝永平陵在慕府山南麓。现代考古发现也证实，自鸡笼山以东至钟山之阳、晋建康城东北一带确实是东晋帝王的陵区。

刘宋的陵墓中可考的刘裕初宁陵和刘义隆长宁陵，都在南京东面。陈朝的武帝万安陵、文帝永宁陵、宣帝显宁陵，分布在南京的东面、东南和西南。它们不集中在一个区域，没有形成一个陵区。

齐和梁两朝的帝陵大都在丹阳，这是由于他们的原籍在丹阳。在陵区的总入口处竖立有两座大型石刻麒麟以作标志，称为陵口。陵口以内方圆约60千米的范围内，埋葬了齐、梁两朝的帝陵11座。大体可分为南北二区，北区6座，南区5座。其中齐陵8座，梁陵3座。

梁代宗室王侯的墓葬，在南京东北甘家巷一带，已知的有萧宏、萧秀、萧恢、萧憺、萧景、萧绩等人。在萧秀墓周围，已发掘的墓都属于他的家族，说明当时帝王和世家大族一样实行聚族而葬的制度。

六朝墓地选择受相墓术、堪舆术影响，讲究"望气""风水"，一般要背依山峰、面临平原，方向不局限于依据方位，而是视当地的山水形势而定。陵墓都建在山麓、山腰和山上，有向南的，也有向北和向东的，没有一定的规律。陵前的石刻则在平地上，与陵墓有很大距离，往往不在一条中轴线上；神道也呈弯曲状。

六朝帝王陵墓前一般建有寝庙，作为守陵和祭祀之用，目前已无遗迹可寻。但神道两旁的石刻仍然多有留存。

六朝陵墓的石刻十分注意左右对称，并有一定的制度。完整的为四种八件，即帝陵和王陵有石兽一对，神道石柱一对，石碑一对；公侯将相的墓有石狮一对，神道石柱一对，石碑一对；另一对因残缺无法确指，应为碑或是石柱。

其中石兽都用整块巨石雕成，形体硕大，气势非凡。其姿态大都仰首垂身，有的蹲伏待命，有的欲进还停，骨劲肉丰，矫健雄浑，极富生气，与汉代石雕那种呆板、古拙的作风已完全不同。石兽是区别墓主人等级身份的重要标志。六朝帝陵与王陵不同的是帝陵前石兽有角，一个双角，另一个单角，两者均有翼，通称为麒麟，或双角称天禄、单角称麒麟。王陵前石兽无角，形似狮子，一般称为辟邪。天禄、麒麟是传说中象征吉祥的瑞兽，常常是应"贵人"才出现，所以只有帝陵才能使用。狮子是百兽之王，象征勇猛、显赫，适于臣下使用。

石柱也称华表，结构分为三部分。下部为柱础，上层雕口内含珠的两条相交螭龙，下层四面浮雕各种动物。中部为圆形柱身，表面饰直线瓜棱纹。柱上部有长方形石额，刻墓主人某某之神道字样，上下雕蛟龙纹、力士等装饰，其上部为仰莲形圆盖，盖上立一个圆雕小兽。整体造型浑然一体。

石碑顶部饰双龙交缠，环缀于碑脊。碑身两侧刻神怪、珍禽、瑞兽等图案。碑座为龟趺形，碑文多已漫漶不清。

六朝陵墓前立石刻的已知有32处，其中属于帝陵的十余处。帝王陵墓中石刻保存最多的是梁文帝萧顺之建陵和梁安成康王萧秀墓，各有8件。其他各陵一般仅存石刻一对，有的甚至只有一件。

六朝陵墓多在山腰凿岩为坑，再用砖石砌造墓室、墓道，然后填土夯平，东晋以后上部都起坟丘。丹阳胡桥南齐永安陵或泰安陵的坟丘呈方形，现尚高出地面8米。南京西善桥陈宣帝显宁陵坟丘高约10米，周长140多米。

在内部结构方面，截至目前已发掘的几座帝王陵墓的墓室都为单室，砖结构，大小、装饰略有区别。早期为平面长方形，中期壁面外凸呈弧形，晚期平面呈椭圆形，顶部用楔形砖起券，作券顶或穹窿顶。墓室内壁砌出排列整齐的花纹，或以模制的画像砖拼成壁画。室前建甬道，甬道中设两重石门。门额呈半圆形，上雕仿木结构的平梁、人字形拱。墓室地面铺砖，前部砌阴井口，下砌排水暗沟，经雨道底直通墓前低洼地或水塘内以排出墓内积水。沟长都在100米以上，用七八层平砖砌成。这种排水沟为其他时代和同时期北方地区陵墓所少见。墓门外砌封门砖，并加砌两道封门墙。再围绕墓室外壁与墓坑石壁之间砌挡土墙。

六朝帝王将相的陵墓延续了东汉的习俗，盛行在墓壁中铺设砖画。小幅砖画与汉墓相同，仍为一砖一幅；大幅则由数十块以至数百块小砖拼砌而成，有的画幅达2平方米。画面为浮雕式，构图简洁，形象生动。内容题材丰富，有反映宗教迷信内容的青龙、白虎、狮

梁文帝建陵石刻

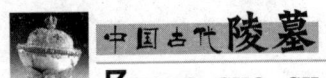

子、羽人等神灵怪兽，还有甲骑鼓吹、仪仗侍从以及竹林七贤等历史故事。比如南齐景帝萧道生修安陵墓壁画，甬道两侧为狮子，墓室四壁前部按方位分设四神图像，左右两壁后段各为半幅竹林七贤图，下部则是出行场面等。砖画周围模拟当时宫廷中华丽的织锦壁衣，用莲花纹和钱纹等组成图案。砖侧刻画砖画名称、方位和数序。可见墓室的建造，从设计到施工都有精密的规划。由于南朝绘画真迹未能流传下来，这些砖画便成了一批极为珍贵的美术史料。

六朝帝王陵墓早年均遭严重盗掘，科学考古发现的随葬品不多，仅有一些瓷器、铁器和其他装饰品。

北朝十六国时期的陵墓

五胡乱华时期，北方多个少数民族先后建立了不同的政权，与南方的东晋并立，统称为"十六国"。十六国时期的中国古代墓葬主要以西北、东北两个区域为代表。

西北地区的十六国墓葬数以万计，目前已发掘500多座。有代表性的主要有河西地区墓葬和新疆吐鲁番阿斯塔那墓葬。

1. 河西地区的十六国墓葬

河西地区十六国墓葬分土洞墓和砖室墓两种，以土洞墓居多。墓区都有斜坡墓道，有的墓道还有过洞、天井，有的砖室墓照墙为仿木结构建筑，也有在土洞墓的墓门上镶嵌土坯以构筑门框的。不论是土洞墓还是砖室墓，都由墓道（包括过洞、天井）、甬道、墓室（包括耳室、龛）组成。河西十六国墓的一个突出的特点是墓内彩绘壁画。壁画有大幅和小幅之分。大幅壁画是在几块砖面上用筛过的黄土掺合胶性物抹平作底，后用土红色起稿，再用墨线勾勒定稿，继而用石黄、白、朱、赭石、粉黄、灰浅赭色施彩。小幅壁画基本上是一砖一画，作图程序与大幅壁画相同，只是用色较单纯，一般以墨、赭石和朱红为主。

2. 吐鲁番阿斯塔那墓葬

吐鲁番阿斯塔那地区发现了大量带斜坡墓道或竖井墓道的土洞墓。墓室平面近方形，顶部四角攒尖或覆斗式。洞内仅可容木棺，洞口用土坯或石头封闭。尸体用麻布缠裹，苇绳捆扎，因气候干燥，常形成干尸。死者大多是汉魏以来屯戍西域的汉人后裔，埋葬制度与中原相似。墓中随葬各种染织品、绢纸制品、陶木器、俑、钱币和金属饰品。绢纸制品中常发现墨书的文字，内容大多是当时的官私文书，被学者称为"吐鲁番文书"。目前已有不少学者专门从事这门学科的研究。

阿斯塔那古墓外观

十六国时期，东北一带先后建立了前燕、后燕、北燕等政权，统治者为鲜卑慕容氏或鲜卑化的汉族冯氏。这时鲜卑文化占据主要地位，但汉文化仍有很大影响。这两种不同的文化在墓葬中都得到反映。其中最具典型的是北燕开国主冯跋之弟冯素弗夫妇墓。此外，还有高句丽墓葬。

3. 北燕冯素弗夫妇墓

冯素弗夫妇墓位于辽宁省北票市西官营镇馒头沟村将军山，为同坟异穴，都是长方形石椁墓，东西向。木棺前端高宽后尾低窄。冯氏头戴一顶插步摇的金冠饰，明显属于鲜卑习俗。但石椁内置柏木画棺，椁内壁施彩绘，椁顶画天象图，四壁画墓主人家居出行场面。画棺绘羽人、屋宇、云气等图像，则是承袭东汉大墓的特点。随葬器物同样表现出不同的文化系统。椁内殉犬。冯妻墓早年被盗，遗物不多。冯氏墓随葬陶器、铜容器、漆器等470多件。其中的铁制工具、兵器和甲胄，以及铁马衔、木芯鎏金铜马镫等成套马具，还有镂孔高圈足铜鍑，提梁铜罐等炊煮器，都具有北方游牧民族的风格。但是，表示墓主人身份的印章，各种仪仗用的鎏金铜工具和铁质车器、漆案等食具和用具，以及文具、舆服杂用等，则又显示着传统的汉文化特征。此外，墓中还有东罗马制作的玻璃器和印有佛像的金冠。

4. 集安高句丽墓葬

高句丽墓葬大多发现于吉林省集安县，此外辽宁省桓仁、抚顺、宽甸等地也发现不少。

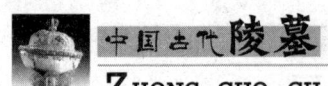

集安高句丽墓葬集中分布在老岭山的岭前和岭后，分别为岭前23处，12206座；岭后的9处，152座，两地合计12358座。其中以岭前洞沟地段（今集安县城附近）最为密集。在这地段内细分为下解放、禹山下、山城下、万宝汀、七星山和麻线沟等6个墓区，共11300座。截至目前，已发掘300多座。

这32处墓群，大多分布在山麓上，排列有序，规模悬殊。石坟多分布在靠山麓处，土坟多在河谷阶地和平川地带。在保存较好的地区，尚能看出埋葬先后的序列。如七星山南坡的墓葬，从山腹开始往下成行排列。有的行列由小墓开始逐渐到大墓；有的则由大墓逐渐到小墓；有的开始由小墓逐渐到大墓，再由大墓逐渐到小墓。土坟则埋葬在排列有序的石坟行间空隙处。这种现象表明，集安洞沟墓群是当时生活在集安一带的高句丽族墓地；不同的家族各有自己的墓地，并且按不同辈次有规律地埋葬，反映了高句丽各阶层身份的不同和葬俗的变化。

高句丽墓的墓室（放置尸体处）构筑在地表上（晚期有的在半地下）或高出地表的石墓基上，这是与中原汉式土葬墓最大的不同之处。墓葬结构比较复杂。外部结构可分积石和封土两大类。所谓积石墓，即"积石为封"的墓葬，又简称为封石墓或石坟。封土墓即以土为封的墓葬，其中包括少数封土内混以石块和在封土底部四周用石块砌以方坛或方坛阶梯的墓葬，简称土坟。内部结构又可分为石圹和石室两种。所谓石圹，是指用石块或河卵石在地面上堆积方形墓基，再在上面构筑长方形框的石圹（椁室）。埋葬后封以碎石，不再加顶盖，整体如方丘状。一般没有墓门，也没有墓道。石室流行于封土墓时期，系用石材在地面上或半地下筑造墓室（石室），四壁上部抹角叠涩，顶加盖石，有墓门，也有墓道。但大型积石墓的石室仍构筑在顶部中央。研究表明，高句丽积石墓可划分为无坛石圹墓、方坛石圹墓、方坛阶梯石圹墓以及方坛石室墓、方坛阶梯石室墓等五种类型。封土墓都是石室墓，配合外部结构，可分为无坛封土石室墓、方坛封土石室墓和方坛阶梯封土石室墓等三种类型。

现在所知高句丽墓葬中保存最好的是将军坟。将军坟整体呈阶梯式金字塔形，每边长35.6米，高12.4米。用精琢的巨型花岗岩石条砌筑，共7级，每面有顶护石3块倚护。墓室位于第五级中部，长宽各5米，高5.5米，顶部以整块巨石覆盖。将军坟气势雄伟壮观，是高句丽陵墓建筑的代表作。

第三章 秦汉魏晋南北朝时期的陵墓

将军坟

高句丽墓葬壁画绝大多数见于封土石室墓。早期壁画墓内容简朴，大多绘于白垩壁面上，以表现墓主生前宴饮、歌舞场面为主，墓顶衬以日月星辰图案，设色单调。中期壁画墓大多出现于多室墓，作画方法与早期相同，壁画内容仍以墓主生活起居为主要题材，但佛教题材明显增多，并开始出现四神图像。壁画内容丰富，线条流畅，是高句丽壁画艺术的重要发展阶段。晚期壁画多出现于单室墓中，壁画直接绘于平整的石面上，以四神为主要内容，衬以怪兽、仙人、莲花网状图案。设色浓艳，装饰富丽，壁画内容和艺术手法，都明显看出受汉文化的影响。

由于高句丽墓构筑在地面上或高于地面上，历史上曾遭到严重破坏，尸骨、葬具遗存极少，除彩绘壁画保存较好以外，遗留下来的随葬器物都不多。根据发掘时的迹象和残存不多的葬具人骨分析，高句丽前期（积石墓前三式）实行火葬，似皆单人葬，随葬品不多，一般有陶壶、罐、铜制或铁制的马具和武器，连同尸体一起火化。后期（封土墓）采用土葬，设棺床，有木棺，单人葬与二人、三人合葬都有，皆为仰身直肢葬式。随葬器物较前期丰富，种类与中原墓葬略同，一般都有陶制的明器和铜铁制的工具和武器，个别的还有金属饰品。常见的器形有壶、罐、钵、盆、耳杯、灶等陶明器、鞍桥、马镫、马衔、袍饰等马具和斧、锛、削、矛、长刀、镞、铠甲等工具和武器。

北魏时期的陵墓

北魏道武帝拓跋珪时（398年）自盛乐（今内蒙古和林格尔）迁都平城（今山西省大同），至孝文帝时（494年）又迁都洛阳（今河南省洛阳市东汉魏故城），其间历五帝，史载葬于云中金陵，具体地点不详。孝文帝迁洛后至公元534年魏亡，共历七帝，史载均葬于洛阳以北邙山之上，具体地点所记简略不详。20世纪70年代以后经过多次考古调查、发掘和研究才使大同的文明太后永固陵和洛阳的孝文帝长陵、宣武帝景陵、孝明帝定陵、孝庄帝静陵的具体所在地得以确定。其间，对永固陵、景陵进行了清理和发掘。

1. 永固陵

文明太后冯氏，长乐信都（今河北冀县）人，孝文帝祖母，两度"临朝听政"，前后达10余年。太和十四年（490年）卒，年49岁，葬于永固陵。陵址由冯太后生前选定并已建成。太和五年（484年）起开工，工程共历时8年。

永固陵是南北朝最大的墓葬之一，位于山西省大同市北25千米处的梁山（古称方山）南部山顶上，基底为玄武岩。坟丘底平面方形，东西长124米，南北宽117米，高23米。墓室在坟丘下面，坐北朝南，砖石结构，由墓道、前室、甬道、后室四部分组成，南北总长17.6米。前室平面梯形，顶拱形；后室平面近方形，四壁呈外凸的弧线形，顶为四角攒尖式。甬道两端各有一道大型石券门。这种在甬道两端均设石门的办法为后来北魏皇室墓葬所遵循。门楣浮雕捧莲蕾童子，门柱浮雕一只孔雀，门墩前部雕成虎头状，造型优美，制作精细。墓室结构坚实，壁厚1.3米，共用砖20余万块。条砖长41厘

永固陵远景

米，宽21厘米，厚7.7厘米，每块重约12.5公斤。铺地大方砖边长50.6厘米，厚7.2厘米，每块重约30公斤。砖皆青灰色，坯质细腻，制作规整，扣之作金石声。该墓多次被盗，随葬品残留不多，出土有石雕武士俑一件，以及石雕镇墓兽残腿，小型铜、铁、骨器和陶瓷碎片等。

陵南约600米有围绕回廊的佛寺塔院遗址，回廊基宽约10米。将陵墓与佛寺结合的布局是永固陵的特点，这种富有佛教色彩的做法对后世有很大影响，成为北朝陵墓的一个特点，同时也反映了佛教在北朝统治集团中的地位。

佛寺北200米处有永固堂的遗址。永固陵的陵园布局因袭东汉遗制，在陵前600米处建石殿，称永固堂，作为举行祭奠的场所。据史书记载，石殿宏大、豪华，而且附近还有其他附属建筑。永固堂现存一长方形基址，连同其他附属建筑遗址面积共约10万平方米，地面残留有柱础、龟趺及砖瓦等遗物。

孝文帝在迁洛阳以前对自己陵墓的营建即非常重视，因孝于文明太后，在营建永固陵时在陵北为自己预建了陵墓，名万年堂。万年堂现存封土平面方形，边长约60米，高约13米。墓室结构与永固陵相同，也是双室墓，规模略小。现残存甬道石门西侧门框，正面浮雕一尊武士。武士侧身向右，身佩长剑，右手握剑柄，高1.32米。万年堂之北有较小的墓冢两座，应是永固陵的陪葬墓。孝文帝迁都洛阳后此陵废弃，另在洛阳建陵。万年堂早年被盗，已遭到严重破坏。

2. 景陵

孝文帝长陵位于洛阳市瀍河西邙山的高地上，面对洛河，地势高旷。宣武帝景陵在长陵的右前方，孝明帝定陵在瀍河西，煌水河以东距长陵较远的左前方，孝庄帝静陵则在景陵右前方。各帝陵按世系分昭穆左右排列。对这个范围广大的陵区，一些出土墓志称为"金陵"或"西陵"。各陵均有高大的坟丘，各陵园建筑及布局目前尚不清楚。陵区内规划安排有许多贵族墓葬，含有陪陵的意义，主要有元氏皇室、"九姓帝族"、"勋旧八姓"以及内入的"余部诸姓"和重要降臣。

1991年，考古工作者对景陵进行了清理发掘。发现景陵的封土由夯筑而成，平面略呈圆形，直径105～110米，现高24米，顶部较平。墓坐北朝南，砖石结构，全长54.8米，由墓道、前甬道、后甬道和墓室四部分组成。墓道呈斜坡状。甬道砖砌券顶。墓室平面近方形，边长6.8米，顶作四角攒尖式，高9.36米。墓室西半部为石砌棺床，石面平整，四角留有石质帷帐底座各一

北魏孝文帝景陵

个。各室均用石板铺地，石板一般0.5米见方，厚7~10厘米。墓砖青灰色，每块长38厘米，宽18厘米，厚6厘米，坚实细密，制作规整，外露部分涂成黑色。随葬品大都已被盗，仅存残碎青瓷器、陶器等。在景陵和静陵的前面发现石刻武士一尊，头部残失，残高分别为2.89米和3.14米。

景陵的形制、结构与永固陵基本相同，反映了北魏陵墓修建的制度。它们的共同特点是：地面有高大的坟丘，其平面由方形演变为圆形；墓室均为砖石结构，建筑材料皆以特制优质青砖为主；整体由墓道、前甬道（或称前室）、后甬道（或称后室）和墓室四部分组成；墓壁均无壁画。永固陵墓门雕刻武士或墓内随葬武士雕像演变为坟丘前竖立大型武士石雕像，这种反映了迁都洛阳以后陵墓建制的变化，显然是受到东汉陵前竖立石刻的影响。

3. 北魏贵族墓葬

大同郊区的北魏早期贵族墓，以带斜坡墓道的洞室墓为主。墓向大多朝南，砖砌墓室，平面近方形，四壁微呈弧线形，其上收成四角攒尖顶。随葬器物以陶器为主，还有不少来自波斯萨珊朝的玻璃碗和鎏金银碗。在这批北朝早期墓中，最重要的是北魏使持节侍中镇西大将军、冀州刺史、琅琊王司马金龙夫妇墓和屯骑校尉、建威将军、洛州刺史封和突墓。

司马金龙夫妇墓为砖砌多室墓，由墓道、前后室、耳室及连接各室的甬道组成。墓室总长17.5米，墓道长28.1米，全长45.6米。墓砖呈青灰色，砖侧模印"琅琊王司马金龙墓寿砖"十个字。主室西侧置石雕棺床，上置漆棺。墓葬早年被盗，但仍遗存367件陶俑。陶俑大都是侍从俑与仪仗俑，以身披铠甲的步兵俑和骑兵俑为主。还有与陶俑相配合的驮粮马和大小马匹、骆驼等30多件。此外，有太和八年司马金龙墓表和墓志各一方，延兴四年（474年）姬辰墓志一方，安插在四个石础上的漆屏风一座。石础雕刻精美，屏风仅存彩画屏板。屏板上彩绘历史人物故事，各有题榜，堪称为罕见的北朝书画和石雕艺术珍品。

封和突墓是一座前后室墓。早年被盗，劫余遗物中有5世纪古波斯萨珊朝的鎏金银盘和高足银杯等珍品，在我国还是第一次发现。

孝文帝迁都洛阳后，皇帝、王公贵族死后都埋葬在洛阳邙山一带。截至目前已发掘的洛阳地区北魏墓近百座，其中有元怿、元邵、元睿等皇室墓，以及司马悦（司马金龙之子）、寇猛等大臣墓。这批元魏墓，皆南向，多数为方形单室墓，少数为前后室墓。方形单室墓中，砖室墓居多，土洞墓较少，由斜坡墓道（少数作竖井墓道）、甬道和墓室三部分组成。墓室呈方形或近方形，四壁稍外弧，一般为穹窿顶，也有作四角攒尖顶的。有的在墓道上方开凿一个或两个天井。前后室墓仅见于元邵、元怿等皇室墓，墓道上方也开凿一个或两个天井。不论单室或前后室的元魏皇室墓，墓内大多彩绘壁画，随葬品也比较丰富。

知识链接

北魏的衰落与分裂

北魏孝文帝迁都洛阳后，改变了一度奉行的与南齐和好的政策，开始大举南伐。尽管每次几乎都以无功告终，但仍然不肯罢休。至宣武帝、孝明

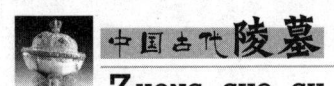

帝时，战事未休，反而有扩大之势。战争激化了社会矛盾，使被封各族人民对北魏政权的敌意更加强烈，先后爆发了北方六镇、关陇、河北、青州等多次武装起义。在北方各族人民大起义的沉重打击下，北魏皇朝徒具形式，实权落到了靠镇压起义起家的尔朱荣手中。

而此时的北魏朝廷政治昏暗，胡太后权倾天下，与儿子孝明皇帝不和，最后干脆用毒药鸩死孝明帝，另立年方3岁的临洮王宝晖世子钊为帝。尔朱荣另立长乐王之子修为帝，是为魏孝庄帝，并以"入匡朝廷"为名进兵洛阳，杀北魏朝臣2000多人，沉胡太后及幼主于黄河，史称"河阴之变"。

尔朱荣尽掌朝政，视孝庄帝为傀儡，引起了孝庄帝及朝臣不满。永安三年（530年）九月，孝庄帝设计杀尔朱荣。尔朱荣的侄子尔朱兆闻讯轻骑至洛阳，杀孝庄帝，立献文帝之孙广陵王恭，是为节闵帝。

尔朱荣部将高欢收编了历次起义的残部，以冀、殷二州为根据地，逐步扩大势力，最终于公元533年消灭尔朱氏，杀节闵帝，另立元修为帝，是为孝武帝。但孝武帝不愿受高欢控制，于公元534年逃出洛阳，投奔镇守关中的将领宇文泰。高欢只好另立元善见为帝，史称孝静帝，迁都于邺，史称东魏。宇文泰则于公元535年杀死元修，另立元宝炬为帝（西魏文帝），都于长安，史称西魏。东、西魏的军政大权，分别掌握在高欢、宇文泰的手里。最终，两人的子侄先后取代了手中作为傀儡的元姓帝王，自己称帝，分别建立了北齐和北周。

北魏以后的北朝墓葬

1. 东魏北齐陵墓

北魏分裂以后，东魏和继起的北齐基本上沿袭了北魏的墓葬习俗。东魏北齐陵及皇室墓大多集中在河北磁县滏阳河以南、漳水以北的广阔地带。这里素有"七十二冢""八十四寨"之称,著名的"磁州三高"碑就在这里出土。已发掘的有磁县湾漳北齐大墓(疑为某帝陵)、大冢营村东魏茹茹公主墓和东槐村北齐文昭王高润(高欢之十四子)墓。这三座大墓都是砖砌单室墓,坐北朝南,由斜坡墓道、甬道、墓室三部分组成。湾漳大墓总长52米,茹茹公主墓总长近35米,高润墓总长63.1米。甬道上方有砖砌门墙或仿木构的门脸,甬道内及前后两端均砌三堵封门墙(高润墓砌二堵),中后两堵墙之间设石门(茹茹公主墓仅有石门框)。墓室平面略呈方形,四壁微外弧,顶呈穹窿状。墓室西侧设棺床。墓内绘满彩色壁画。虽然早年间多次被盗,但遗存仍甚丰富。

湾漳北齐大墓的壁画大多剥落,仅墓道壁画保存较好。壁画画面共300余平方米,两壁画面对称:东壁以青龙为先导,随后有53人组成的仪仗出行队伍;西壁以白虎为先导,随后亦有53人组成的仪仗出行队伍。仪仗队伍的上方是天空,绘有各种神兽、流云、莲花等图像。茹茹公主墓的壁画面积达150平方米。自墓道入口处依次绘青龙、白虎,仪仗行列,镇墓威神及凤鸟、

湾漳北齐大墓壁画

羽人。墓道地面两边绘花卉图案，甬道券顶门墙上绘朱雀及镇墓威神；甬道两壁绘有侍卫。墓室四壁以四神及墓主起居为主要题材，布局谨严，人物比例准确，服饰逼真，线条流畅，敷色艳丽。高润墓壁画以北壁保存较好；中部绘墓主，端坐帷帐中，头戴折上巾，身穿直裾便服，两侧各有侍从六人，手执华盖、羽旌等物；墓顶可能绘有天象图。这三座墓的壁画，绘画技艺娴熟高超，画面气势宏伟，基本代表了北齐壁画的艺术水平，在中国绘画艺术史上占有一定地位。

陶俑是北魏贵族墓的主要随葬品。湾漳大墓出土1500多件，茹茹公主墓出土1100多件，高润墓出土381件，是同期墓中随葬陶俑最多的。陶俑种类很多，均施彩绘，制作精美，形象生动。其中以侍卫俑和侍吏俑占多数；此外，还有伎乐俑、击鼓俑、奴仆俑以及胡俑、萨满巫师俑等，为研究北朝的历史社会、舆服制度提供了一批极为珍贵的实物资料。

除磁县以外，在河北、河南、山东、山西等地还发现了一大批东魏北齐时期的勋臣贵戚世家大族墓。其中墓主身份明确、纪年清楚、保存较为完整的有：河南安阳北齐骠骑大将军、开府仪同三司、凉州刺史范粹墓，北齐东徐州刺州和绍隆夫妇墓，安阳北齐文宣帝妃颜氏墓，濮阳北齐车骑将军李云夫妇合葬墓，河北磁县北齐开府仪同三司、怀州刺史尧峻墓，尧母赵郡君墓，赞皇东魏司空李希宗夫妇合葬墓，黄骅北齐青州乐安郡太守常文贵墓，平山北齐祠部尚书赵州刺史崔昂夫妇合葬墓，山东高唐东魂济州刺史房悦墓，山西太原北齐右丞相东安王娄叡墓，太原扩坡北齐张肃俗（北魏龙骧将军长安侯张子霞之四子）墓，寿阳北齐故定州刺史太尉公明阳王库狄回洛墓，祈县北齐骠骑大将军青州刺史韩裔墓，以及山东临淄崔氏墓群，济南陈氏墓群，河北临城赵郡李氏墓群，景县封氏墓群，高氏墓群，无极甄氏墓群，河间邢氏墓群，山西闻喜裴氏墓群，等等。这个时期的世家大族，他们生前聚族而居，死后聚族而葬。根据出土墓志，可以考定各大家族的族葬方式。例如，磁县尧氏墓群，尧母居南，三子并列在北；临城赵郡李氏墓群，李父居中，其先夫人在南，二子并列在北；赞皇李氏墓群，李父居北，五子并列在南。这两种排列方式，与北魏皇室墓的排列方式是一致的。

东魏北齐墓葬皆为单室墓，墓向朝南，但也有少数例外。例如，临淄崔氏墓，墓向西北；李希宗等少数殊勋墓为南向的前后室墓。单室墓大多是青砖砌筑，少数是土洞墓，仅临淄崔氏墓为石砌单室墓。单室墓皆由斜坡墓道、甬道和墓室三部分组成。墓室平面以方形居多，四壁稍稍向外弧出，一般为穹窿顶，少数作四角攒尖顶。砖砌棺床置墓室西壁（或北壁）下，棺床前陈列陶俑及其他随葬品。勋戚大臣的方形单室墓，往往加长墓道，扩大墓室，在甬道内加砌砖墙，设石门，并在甬道上方砖砌门墙或作仿木构的门脸。库狄回洛墓和娄叡墓内均增设帷帐，这可能与他们官阶最高（正一品）有关。

东魏北齐的世家大族墓，墓内大都有彩绘壁画，随葬品有成群的陶俑、动物模型和精美的瓷器，有的还有东罗马金币和西方传入的金银器和玻璃器。外戚李希宗、娄叡是世家大族墓中最豪华的两座。李希宗墓是具有前后两室的大墓，这种前后室墓在北朝后期是很少见的。娄叡墓壁画达240多平方米，画面主要是表现墓主生前生活的显赫场面和死后灵魂飞升的虚幻境界。值得注意的是，有些北朝壁画出现了受南朝风格影响的画面。例如济南东八里洼和临朐冶泉等地发掘的东魏北齐墓，墓中都绘有屏风，屏风内绘"竹林七贤"和荣启期的图像。这种现象的出现，说明南北朝时期并不因政治上的对峙而影响南北文化的交流。

2. 西魏与北周墓葬

截至目前，西魏和北周墓发现较少。已知年代明确的有咸阳西魏侯义墓、宁夏固原北周柱国大将军河西公李贤夫妇墓。这两座墓的发现，为北朝晚期

侯义墓

墓葬的编年研究提供了准确的标尺。

侯义墓是单室土洞墓，由墓道、甬道和墓室组成。墓室绘壁画，损毁严重，仅墓顶星座图尚有残存。墓葬早年被盗，遗存陶俑、漆器等60多件。陶俑种类繁多，有武士、文吏、侍女、胡俑和骑马乐俑等，是一批难得的西魏文物。

李贤墓是长斜坡墓道带三个天井的土洞墓。在墓道、过洞、天井、甬道和墓室中都绘有壁画。画面部分残缺，现存23幅，内容约可分为门楼、武士和侍从伎乐三部分。线条古拙粗放，风格写实，着重表现墓主人生前富贵豪华生活，未见东魏北齐流行的升仙思想画面。这批壁画填补了北周绘画史上的空白，为研究北周建筑、服饰、兵制提供了形象资料。墓中随葬陶俑数百件，色彩鲜艳，塑工精细，神态各异。部分陶俑具有明显的少数民族特征，反映了这个时期民族大融合的历史过程。随同出土的鎏金银壶、金戒指、玻璃碗等波斯萨珊朝工艺制品，更是研究中外交通史的重要资料。

第四章

隋唐宋元时期的陵墓

隋唐五代时期,在以黄河流域为主的北方地区,北魏以来的墓葬制度,经隋代,至于盛唐两宋,一脉相承。辽夏金元时期,少数民族入主中原,体现了不同于汉朝的墓葬制度。元代则是不树不封,至今尚未发现蒙元大汗的陵墓。

第一节
隋唐五代陵墓

　　隋唐五代贵族官僚的大墓，都是采用斜坡式的墓道，包括一段很长的隧道；隧道顶部开天井，两壁设龛。隋代流行以土洞为墓室，高级官僚的大墓亦不例外。入唐以后，则多采用砖室，土洞墓已降为低级官吏或平民所用。一般的官僚，其墓室都为单室；二品以上的大官，除主室以外，有时还设简单的前室。

　　随葬品以大量的陶俑为主。大约从武周时开始，陶俑多施三彩釉。陶俑可以分为出行时的仪卫行列和家居时的家臣侍者两大类。前者自隋至初唐多武装俑，以后逐渐减少；武周时出现高大的马俑和驼俑。后者自初唐至盛唐不断增多，乐舞俑和游嬉俑等皆属此类。受佛教影响，镇守墓门的一对武士俑在盛唐时演变为天王俑，其特点是脚踏伏兽或鬼魅。镇墓兽继承北魏后期以来的形态，一为人面，一为兽面，而武周时则又进一步演变为头生角、肩附翼或手握蛇的怪兽。隋代开始出现的人身禽兽首的十二时辰俑，到开元、天宝之际更为流行。陶俑的数量，因墓主人身份而有不同的限额。方形有盖石墓志在唐代使用得更为普遍。墓志的大小，随墓主人的身份而有等级之分。

知识链接

唐三彩

唐三彩是一种始于南北朝、盛行于唐代的陪葬用陶器。

这种陶器涂以铅质为主的色釉，并在其中加入不同的金属氧化物，然后低温焙烧制，发生化学变化，导致色釉浓淡变化，互相浸润，斑驳淋漓，色彩自然协调，形成浅黄、赭黄、浅绿、深绿、天蓝、褐红、茄紫等多种色彩，但多以黄、赭、绿三色为主，因此被称为"三彩"。

唐三彩在制作时吸取了国画、传统雕塑等工艺美术的特点，采用堆贴、刻画等形式的装饰图案，线条粗犷有力，造型生动逼真，富有生活气息。造型多为人物、动物、碗盘、水器、酒器、文具、家具、房屋等，其中又以马俑最富特色。唐三彩马有的扬足飞奔，有的引颈嘶鸣，表现出大唐盛世蓬勃向上的精神面貌。

由于用途主要是陪葬，所以唐三彩的胎质比较松脆，防水性能差，实用性不强。

安史之乱以后，唐代墓葬制度发生了显著的变化。首先是墓的构造简化，短而狭的竖井式墓道代替了斜坡式的长墓道，因而天井和壁龛也不见了。墓室的规模缩小，壁画亦十分罕见。陶俑的数量减少，制作粗简。天王俑和镇墓兽越来越简化，在有的墓里已不用，只有十二时辰俑仍较流行。

长江以南广大地区的唐墓，有竖穴式土坑墓和砖室墓两类，形制简单，规模甚小。砖室墓多为长方形，有的两室并列，夫妻各葬一室。广东省韶关张九龄墓，主室平面呈方形，四壁施彩画，前方甬道两侧还各设一耳室，规模较大，形制与北方地区的砖室墓类似。总的来说，南方地区唐墓中的随葬品多为陶瓷器皿，陶俑极为少见。

隋代帝陵

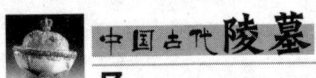

隋代帝陵简况列表如下：

帝号及姓氏	在位时间	陵名	埋葬地址	陪葬情况
隋文帝杨坚	581—604年	泰陵	陕西武功	文皇后独孤氏
隋炀帝杨广	605—618年		江苏扬州	

1. 隋文帝泰陵

泰陵大约在今天的陕西省扶风县城附近。陵墓顶部是平坦的长方形，陵冢的底部和四周已经被挖去了很多。陵园的建筑早已经毁废，现在地面的遗存物也已经难以找到了。从陵冢往南是一座清代石碑，大约高三米，碑上刻着"隋文帝泰陵"五个清晰的大字，是清代乾隆年间的陕西巡抚毕沅所书。在东南陵角和陵东两块高地上，还有隋文帝庙的遗迹。原祀庙的垣墙建筑早已经毁掉，现在只能够看到残砖碎瓦，其中还遗留着带有浓厚佛教色彩的文饰和形制。比较多的是莲花状的方砖。方砖中央是浮雕的莲花图案，角边饰以蔓草，四周刻着连珠纹，非常美观大方。这里还发现了一枚残破的、以菩萨形象为文饰的瓦当。它的正面用弦纹和连珠纹组成一个心形，中心端坐着一尊双手合十、结迦趺坐的菩萨。这种直接以菩萨为文饰的瓦当在国内是非常罕见的。泰陵在中国陵寝史上具有承前启后的地位，为以后唐宋陵寝的发展奠定了基础。

隋文帝泰陵遗址

2. 隋炀帝陵

隋炀帝陵在今天的江苏省扬州市北雷塘村。宋代以后湮灭无存，只剩下炀帝孤冢一座，老百姓称为"皇墓墩"。现存隋炀帝陵占地 3 万平方米，由石牌楼、陵门、城垣、石阙、侧殿和陵冢等组成。整个帝陵形制独特，气势雄伟，具有典型的隋唐建筑风格。陵冢为十分整齐的平顶金字塔形，高 12 米，四边均为规则的等腰梯形，上下边长分别为 8 米和 29 米。

清嘉庆十二年（1807 年），大学士阮元发现隋炀帝墓已荒废，便在墓前重立巨型墓碑。底座为阶梯式，上部为片状云，左上方刻有"大清嘉庆十三年在籍前浙江巡抚阮元建石"；中部隶体"隋炀帝陵"四字，每个字为脸盆大小；右下方刻有"扬州府知府汀州伊秉绶题"。

唐代帝陵

唐代帝陵列表如下：

帝号及姓氏	在位时间	陵名	埋葬地址
唐太祖李虎	后追封	永康陵	三原县陵前
唐世祖李昞	后追封	兴宁陵	咸阳市窑店东
唐高祖李渊	618—626 年	献陵	三原县徐木永合村
唐太宗李世民	627—649 年	昭陵	礼泉县九嵕山
唐高宗李治	650—683 年	乾陵	乾县梁山
女皇武则天	684—704 年	乾陵	乾县梁山
唐中宗李显	684（710）—712 年	定陵	兴平县龙泉山
唐睿宗李旦	684（710）—712 年	桥陵	蒲城县丰山
唐玄宗李隆基	712—756 年	泰陵	蒲城县金粟山

帝号及姓氏	在位时间	陵名	埋葬地址
唐肃宗李亨	756—761 年	建陵	礼泉县武将山
唐代宗李豫	762—779 年	元陵	富平县檀山
唐德宗李适	780—805 年	崇陵	泾阳县嵯峨山
唐顺宗李诵	805 年	丰陵	富平县金瓮山
唐宪宗李纯	806—820 年	景陵	蒲城县金炽山
唐穆宗李恒	821—824 年	光陵	蒲城县尧山
唐敬宗李湛	825—827 年	庄陵	三原县陵前柴家窑
唐文宗李昂	827—840 年	章陵	富平天乳山
唐武宗李炎	841—846 年	端陵	三原县徐木桃沟村
唐宣宗李忱	847—859 年	贞陵	泾阳县仲山
唐懿宗李漼	860—874 年	简陵	富平县紫金山
唐僖宗李儇	874—888 年	靖陵	乾县鸡子堆
唐昭宗李晔	889—904 年	和陵	河南洛阳
唐哀帝李柷	905—907 年	温陵	山东菏泽

唐代是我国古代封建社会的鼎盛时期，共历 21 帝。其中除武则天合葬于乾陵，昭宗和陵和哀帝温陵分别在河南渑池和山东菏泽（具体地点不详）以外，其他 18 个皇帝的陵墓都在陕西省关中盆地、渭河以北的黄土原（俗称二道原）和北山各岭顶部。陵区西起高宗乾陵，东至玄宗泰陵，分布于乾县、礼泉、径阳、三原、富平、蒲城六县境内，绵延 100 多千米。黄土原海拔 500～800 米，原高土厚；北山山脉海拔 750～1200 米，山峰南北呈陡坡，东西为深谷，多属圆锥形的孤山。这种背依山原、两翼展开、面临平川、隔渭河与都城长安相望的布置体现了唐王朝的博大气势。

唐代陵园建制，坐北朝南，地势北高南低，中轴线南北向，东西对称布

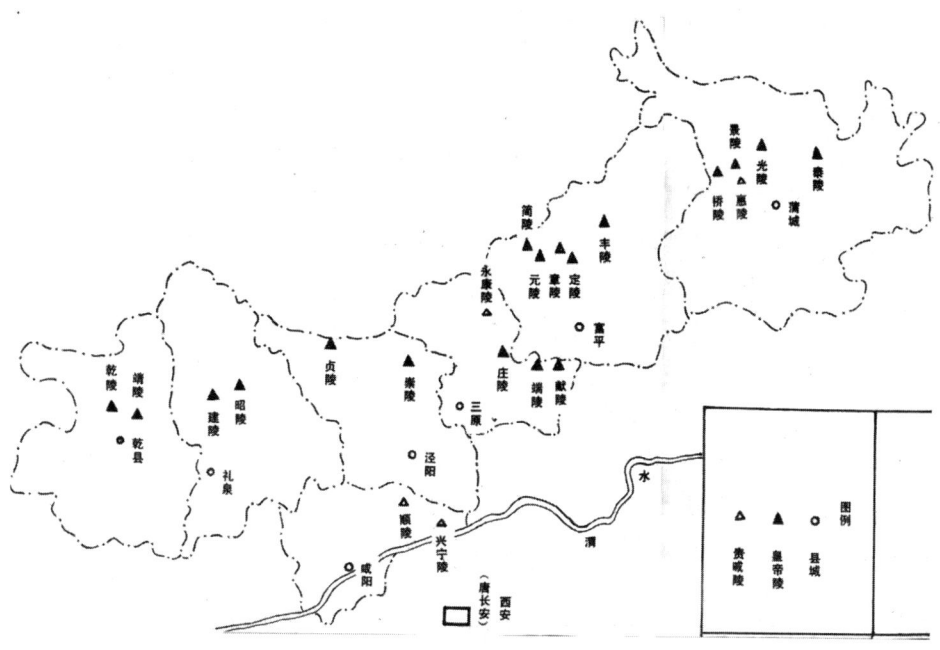

唐十八陵分布图

局。墓区内内帝陵玄宫、神道和乳台至鹊台之间做三级台阶状。陵墓所在的内城偏北，外设外城，陪葬墓多在陵园东南，内外分为三重。这种布局自乾陵开始形成定制，其设计思想显然受到都城长安城布局的影响，并且影响了以后历代封建王朝帝陵的设计。各陵占地面积都很大。据宋敏求《长安志》记载：昭陵和贞陵周围60千米，乾陵周围40千米，泰陵周围38千米，定、桥、建、元、崇、丰、景、光、庄、章、端、简、靖等13座陵周围20千米，献陵最小，周围10千米。

唐代帝陵大多数是"依山为陵"，少数"积土为陵"。积土为陵的只有高祖献陵、敬宗庄陵、武宗端陵、僖宗靖陵四座。它们都分布在黄土原上，陵丘用夯土筑成，呈覆斗形，类似汉代陵墓，但规模较小。其余14座则依山为陵，分布在北山山脉。这类陵墓利用山势，玄宫开凿于山峰南面的山腰上，上部不筑坟丘，前面有一条长墓道，气势十分宏伟。经过勘察或试掘的乾陵、桥陵、定陵、泰陵、建陵、崇陵和简陵的墓道和墓门全部用石条砌筑封堵。桥陵墓道全长约70米，宽3.78米。墓道下层的石条排列整齐，石面皆刻出编号，用天、地、玄、黄、宇、宙、洪、荒等字划分，有"天册（四十）

一""地卅六""玄卅一""黄卅五"等。石条最长的 1.22 米，最短的 0.37 米，厚 0.44~0.45 米。石条间的缝隙以石灰灌注。估计整个墓道共砌筑石条 3900 多块。

唐陵"玄官"结构尚不清楚，主要是由于文献记载笼统，也没有经过考古发掘。

陵园有内外两重围墙，布局左右对称。陵墓四周夯筑内城墙，四面各辟一门，南曰朱雀，北曰玄武，东曰青龙（东华），西曰白虎（西华）。积土为陵者，城多为方形，四门正对陵丘。依山为陵者，城呈不规则多边形，南、东、西三门大多正对玄宫，北门多因地势而筑，方位不正。门外均有阙一对，四角有角阙。外城墙的具体情况尚不清楚。内城南门内有献殿，南门外有很长的神道，神道中间设阙名乳台，南端设阙名鹊台。乳台与南门的距离一般在 600 米以上，乳台与鹊台的距离一般为 2000 多米，少者 1500 米左右。乳台至南门的神道两侧对称排列石刻。门阙、角阙、乳台和鹊台基址均为夯筑，夯层厚约 8 厘米。底部四周砌条石，上部外面包砖。遗址附近多有唐代砖瓦，推测上部原有楼阁建筑。"下宫"多数建在帝陵西南、鹊台西北，距陵墓 2.5 千米左右的山下，是守陵官员和宫人居住和进行日常献祭的地方。

唐十八陵遗留下大量石刻，形式包括圆雕、浮雕和线雕，题材之广和技艺之精都远远超过前代，堪称我国古代大型石雕艺术的宝库。这些石刻主要布置在神道两侧和四门外，其中以神道石刻数量最大，种类最多。大体上早期高祖献陵和太宗昭陵的石刻形制巨大、雄浑，带有北朝遗风，题材、数量、陈列位置等并无定制。盛唐时期的高宗乾陵、中宗定陵和睿宗桥陵的石刻虽仍保存前期风格，但雕刻艺术更为精湛，而且种类和数量大为增加，组合基本形成定制。内城四门各列石狮一对，北门外有石马和马夫，南门外神道两侧立华表、翼马、驼鸟、石人、石马和马夫、"蕃酋"像等，但石刻的数量各陵不等。自昭陵设置"蕃酋"以后，各陵也都设有"蕃酋"或"蕃民"的石像。各陵中乾陵石刻最多，现有 109 件；桥陵次之，现有 80 余件。桥陵石刻中无"蕃酋"和碑，其余数量、种类、排列顺序和乾陵相同。中晚唐时期，自玄宗泰陵至僖宗靖陵的 13 座陵墓，石刻大部分形体卑小，制作粗糙，组合上也出现混乱现象，反映了"安史之乱"之后唐王朝由盛而衰的境况。

第四章　隋唐宋元时期的陵墓

自唐高祖献陵开始，仿汉代制度实行陪葬制。起初只限于赐葬，随后允许申请陪葬，渐次扩到子孙亦可从葬陪陵。唐太宗对此又作了明文规定。据昭陵石碑及出土墓志记载：陪葬者或享受国葬，丧葬所需概由官府负责；或官为立碑；或赠米粟布帛；或赐衣物；或给羽葆鼓吹等。还有预赐茔地，以便生前就修造坟墓。除陪葬墓外，还有一部分是属于从葬的。据金石著录和发掘资料考证，昭陵和乾陵均有从葬者。帝陵陪葬以唐初诸陵为多，玄宗泰陵以后甚少，到晚唐基本上消失。献陵陪葬墓多在陵北和东北，和汉代陵墓相似。从昭陵开始，陪葬墓都在陵南和东南。

1. 昭陵

唐太宗昭陵是唐十八陵中规模最大的一座，位于陕西省礼泉县城东北22.5千米的九嵕山上，东距西安市70千米、咸阳市30千米。1961年，国务院公布昭陵为全国第一批重点文物保护单位。

昭陵陵园周长60千米，占地面积200平方千米，是我国帝王陵园中面积最大的一座，也是唐代具有代表性的一座帝王陵墓。从唐贞观十年（636年）太宗文德皇后长孙氏入葬到开元二十九年（743年）最终竣工，昭陵陵园建设持续了107年之久，地上地下遗存了大量的文物。它是从初唐走向盛唐的实物见证，是我们了解、研究唐代乃至中国封建社会政治、经济、文化难得的文物宝库。

昭陵今貌

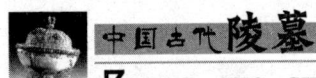

昭陵依九嵕山峰凿山建陵，开创了唐代封建帝王"依山为陵"的先例。据说是因贞观十年文德皇后临死时给唐太宗说要俭薄，"请因山而葬，不需起坟"。但其实这里所说因山为陵，不藏金玉，与其说是为了俭薄，不如说是为了防止墓葬被盗更恰当些。

昭陵地面建筑虽已毁坏，又屡遭战乱的破坏，但陵园遍布着丰富的古迹和文物，还藏有大量的古代美术工艺品及其他文物。昭陵陵园内发现的许多墓碑和墓志，保存了大量的有关唐代的政治、经济等各方面的史料，也为我们展示了初唐书法艺术的高度水平。

昭陵工程是由唐代著名工艺家和美术家阎立德、阎立本兄弟精心设计的。

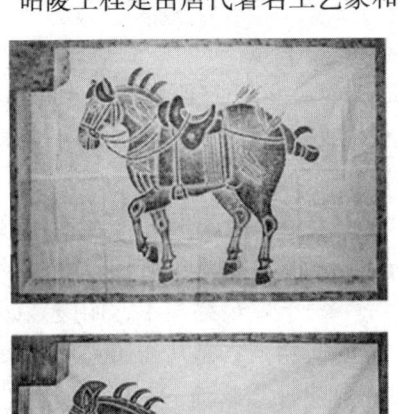

昭陵六骏拓片

其平面布局是仿照唐长安城的建制设计的。长安由宫城、皇城和外廓城组成：宫城居全城的北部中央，是皇帝起居的地方；皇城在宫城之南，为百官衙署（即政治机构）；外廓城从东南北三方拱卫着皇城和宫城，是居民区。

九嵕山山南地势孤绝，山北则较平缓。昭陵的陵寝居于陵园的最北部，相当于长安的宫城，可比拟皇宫内宫。在地下是玄宫，在地面上围绕山顶堆成建为方型小城，城四周有四垣，四面各有一门。

在主峰地宫山之南面，是内城正门朱雀门，朱雀门之内有献殿，是朝拜祭献用的地方，与门阙距离很近。整个遗址约10米见方，加门阙南面约20米见方的场地，仍然是一个狭小的遗址。在这里曾出土过残鸱尾一件，经复原后高1.5米，宽0.6米，长11米，重约150千克。以此件的高度和重量来推想，献殿的屋脊高度应在10米以上，应该是重檐九间，才能合于比例。门阙之间约5米，恰在献殿正中。由此可推想这座殿堂是多么高大，所有这样的殿宇楼阁构成的建筑整体，又是多么宏伟。

因地宫所在地距献殿较远，所以特在陵的北面玄武门内修建了一座祭坛作为举行大典的场所，这是其他陵所没有的。祭坛遗址东西宽53.5米，南北长86.5米，紧依九嵕山北麓，南高北低；以五层台阶地组成，越往北伸张越宽，平面略呈梯形；在南三台地上有寝殿，东西庑房，阙楼及门庭，中间龙尾道通寝殿，这是昭陵特有的建筑群。

寝殿在山南50米，是一座院落式建筑。坐南面北，周有墙垣，东西长237米，南北长234米。正殿在南，东、西、北三面为廊，院中有方亭，院门有三个门洞。

在祭坛东西两庑房内置有6匹石刻骏马浮雕像，驰名中外，号称"昭陵六骏"。这是李世民自己选定的题材。他在隋亡以后，为统一割据的局面，巩固唐王朝新建的政权，南征北战，驰骋疆场。这里他以骑过的六匹马为原型设计的，可以联系他的战功。据说是由当时担任营山陵使、工部尚书、著名工艺家、美术家阎立德起图样，由筑陵石工中的高手雕镌而成的。这六具石雕骏马采用浮雕形式，每边放置三具，皆背靠后檐墙而立。据记载，原石在每块上角有欧阳询书太宗自撰的马赞诗，随后另有殷仲容隶书刻于座上，这些今俱不可见，只有原诗收入《全唐诗》中。六骏名分别为"特勒骠""青骓""什伐赤""飒露紫""拳毛䯄""白蹄乌"，曾遭严重破坏。其中四骏复原后现存于西安市碑林博物馆；而"飒露紫""拳毛䯄"二骏，于1914年被盗运至美国，现存宾夕法尼亚大学博物馆。昭陵六骏刻于贞观十年，各高2.5米，横宽3米，皆为青石浮雕，姿态神情各异，线条简洁有力，威武雄壮，造型栩栩如生，显示了我国唐代雕刻艺术的成就。"飒露紫"表现的是一幅它在与王世充作战时为流矢所中、丘行恭进前俯首为它拔箭的那种亲切形象。"特勒骠"和"拳毛䯄"表现出缓步行进的安然神态，其他四匹则表现了奔腾的强劲姿态。

知识链接

盛唐气象《全唐诗》

《全唐诗》是清朝初年康熙帝亲自敕令编修的唐代诗歌总集，全书共900卷，收录唐代诗人2529人，诗作42863首。

康熙四十四年（1705年）三月，康熙第五次南巡至苏州时，将主持修书的任务交给江宁织造曹寅；五月，由曹寅主持，在扬州开局修书；至次年十月，全书即编成奏上。

《全唐诗》在编撰时充分利用了清初季振宜编的《唐诗》和胡震亨编的《唐音统签》的成果。参加校刊编修的有赋闲江南的在籍翰林官彭定求、沈三曾、杨中讷、潘从律、汪士绂、徐树本、车鼎晋、汪绎、查嗣瑮、俞梅等十人。

《全唐诗》将唐代诗歌汇为一帙，为研究者提供了莫大的方便。但由于成书仓促，存在的问题也很多。比如缺漏甚多、考订粗疏、多有误收、张冠李戴、重收复出、次第混乱、难以捡寻、校勘不精等。因此，后人对《全唐诗》的补充修订工作一直在进行。

先是日本上毛河世宁（即市河宽斋）在我国乾隆时期编成了《全唐诗逸》3卷，补诗72首，句279条，现一般附于《全唐诗》之末。今人王重民辑《补全唐诗》《敦煌唐人诗集残卷》2种，据敦煌遗书补176首；孙望《全唐诗补逸》20卷，补诗740首又87句；童养年《全唐诗续补遗》

21卷，补诗1158首又243句。以上四种，已合编成《全唐诗外编》。

20世纪80年代末90年代初，复旦大学的陈尚君先生历时两年多，终成《全唐诗补编》，对《全唐诗外编》做了细致的甄别工作，剔除一些误收重出之作，又新增佚诗4663首，句1199条（诗、句皆必注典籍出处），诗人1191人（生平皆以精当考订）。加上《全唐诗外编》原有成果，《全唐诗补编》共收诗6327首，句1505条，约为《全唐诗》作品的1/7；收诗人1600多位，其中新见者900余位，接近《全唐诗》诗人的1/3。至此，唐诗作品存世者正式已知诗达55730首，散句3060条；所涉唐代诗人3700多位。近年仍陆续有一些唐诗补遗之作发表。

昭陵玄武门内，原陈列着高宗年间所刻的14尊"蕃酋"像，包括突厥的颉利、突利二可汗，阿史那社尔、李思摩、吐蕃松赞干布，高昌、焉耆、于阗诸王，薛延陀、吐谷浑的首领，新罗王金德真，林邑王范头黎，婆罗门帝那优帝阿那顺等。他们都曾受唐朝的诏封。石雕像高2米多，座高1米。这些"蕃酋"像在清乾隆以后大多被毁，现存的仅有"突厥答布可汗阿史那社尔""高昌王左武卫将军智勇"、"焉曹王龙突骑支"等7个题名像座，几躯残体和几件残头像块。从发现的残体来看，石像高不过6尺，连座约9尺许，并未超过正常人形。从头像残块可以看出确有深眼高鼻者，有满头卷发者，有辫发缠于头者，有头发中间分缝向后梳拢者，有戴兜鍪者，但未见有弓刀杂佩者。服装有翻领和偏襟两种，其余则不能确知。仅从这些情况可以看出这些石刻像应属于写实之作。

昭陵的寝宫，是供奉墓主饮食起居的地方。起初建筑在陵墓旁边的山上，后因供水困难，移到山下，称"陵下宫"，在山陵的西南脚下，与南面的朱雀门大致在一条线上。后因山火焚毁，就移于封内的西南方的瑶台寺，距陵9千米。据瑶台寺遗址出土的题刻残石看，晚唐时期与建陵同祭于此。这里是守陵宫女住宿之处，不但是皇帝谒陵、公卿巡陵必到之处，也是春秋祭、朔望祭、节日祭、日进食、朝夕祭之处。

昭陵地宫未经发掘清理。五代军阀温韬盗掘昭陵之后，留下的记载称，昭陵玄宫建筑在山腰南麓，穿凿75丈而成。墓道前后有石门5重；墓室中间为正寝，是停放棺椁的地方。内设东西两厢，排列着石床。床上放着许多石函，里面装着殉葬品。墓室到墓口的通道上，用3000块大石砌成，每块石头有2吨重，石与石之间相互铆住。

昭陵初建时架设栈道，栈道长400米。文德皇后先葬于玄宫时，栈道并未拆除，就在栈道旁之上建造房舍，供宫人居住，像对待活人一样对待皇后。待太宗葬毕，方拆除栈道，使陵与外界隔绝。如今，山的东南和西南尚存当年架设栈道的遗迹。

九嵕山的东、西、南三面还开凿了许多石窑洞，有的洞壁用石条砌筑，顶部有壁画痕迹，洞口有封门石。东西两面的窑洞大概是放置随葬品或为陵园杂役人员的居室，南面的窑洞可能是供灵魂游乐的场所，即史籍记载中的所谓"游殿"。

昭陵陪葬者为历代帝陵之最，但各书记载不一。根据调查，地面现存封上坟丘167座，可以确认墓主姓名的有57座，包括文武功臣、皇子、公主、妃嫔，还有少数民族的首领，形成了一个庞大的陵园。其中著名的有尚书右仆射卫国公李靖、司空太子太师英国公李勣（徐世勣，即徐懋功，后因战功卓著被赐国姓李）、侍中郑国公魏征、左卫大将军卢国公程知节（程咬金）、中书令虞国公温彦博、尚书左仆射梁国公房玄龄、国子祭酒孔颖达，以及长孙无忌、段志玄、高士廉、尉迟敬德、长乐公主、韦贵妃等人；还有突厥大将军少数民族将领史太奈、阿史那忠节（即阿史那社尔，赐汉名"忠节"）等15人。众多陪葬墓衬托了陵园的宏伟气势，加之各墓之前又多有石人、石羊、石虎、石望柱、石碑之属，更能点缀陵园繁华景象。同时也反映了唐太宗时君臣之间"义深舟楫"的关系，有"荣辱与共，生死不忘"之意。唐太宗能与功臣"相依为命"，既不滥杀功臣，又妥善安置，使能保持晚节，死后还能安葬在一起，这种做法在历代帝王中实属罕见。

关于陪葬墓的位置排列，历史上有"以文武分左右两列"的说法。但从昭陵可以确定墓主姓名的57座陪葬墓看，基本上是埋葬时间早者距陵近，时间晚者距陵远。

陪葬墓依照死者的品级高低和嫡庶亲疏采用不同的形制。少数依山为陵，多数积土为坟。坟丘外形有覆斗形、圆锥形、山字形等。覆斗形的一般为皇室人物，周有围墙，南门建阙，西南立石刻。圆锥形的数量最多，大小高低不同，葬者多为文武大臣，少数为皇族。也有为纪念战功而起冢者，如李靖冢象阴山、积石山；李勣冢象阴山、铁山、乌德犍山（即郁都斤山），都是仿照汉代卫青、霍去病的先例。还有少数墓坟丘相连或无坟丘。有些陪葬墓前立碑和石刻。石刻种类、数量也因墓主地位不同而有差别，一般为石人、石羊、石虎和石柱。

　　陪葬墓前的碑石和墓内出土的墓志有不少是唐代著名书法家书写的，包括真、草、隶、篆各种书体，代表了整个唐代书法的不同流派和风格。还有皇帝亲为撰书碑文者：如魏徵碑为唐太宗撰书；李勣碑为唐高宗撰书，更足以说明他们生前身后所受的荣宠。

　　陪葬墓的石刻也极为精美。温颜博墓前的石人、魏徵墓碑首的蟠桃花饰、尉迟敬德墓志十二生肖图案和石椁的仕女线刻图等，皆为当时艺术精品。从墓内还发现了大量的精致的工艺品，例如李勣墓中出土的"三梁进德冠"，花饰俊美，据说唐太宗亲自设计了三顶，赐予最有功之臣，李勣得了一顶。

昭陵陪葬墓——李勣（徐懋功）墓

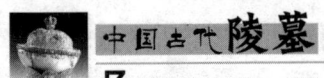

陪葬墓的墓室有单室和双室之分，规模大小也有区别。20世纪70年代，考古工作者先后发掘了徐懋功（李勣）、尉迟敬德、程咬金、张士贵、郑仁泰、长乐公主、韦贵妃等18座陪葬墓。这些墓都曾被盗掘，但仍出土了大量三彩陶俑、彩绘陶俑、彩绘贴金釉陶俑和瓷器等随葬品。

如郑仁泰和张士贵墓出土的彩绘陶俑群，品类多样，色彩鲜艳，有击鼓、吹笛、跳舞的，有骑马、牵马、牵驼的，表情、动作、服饰都雕塑得惟妙惟肖。陶俑中还有很多少数民族人物形象和运载丝绸的骆驼，反映了边疆和内地的密切联系以及中外之间的友好往来。

陪葬墓的墓室、甬道或墓道大多绘有壁画。壁画以表现贵族生活的人物画为主，颜色绚丽，布局严谨，题材多样，内容以出行、仪仗、狩猎、游乐、歌舞、伎乐、侍男、侍女为主；还有镇墓的青龙、白虎等。各墓中都有侍女图，侍女丰颊秀眉，神态各异，极富韵味。章怀太子墓共有壁画50多幅，面积达400平方米。墓道两侧的壁画内容有出行、马球、客使、仪仗等。马球图描绘20余骑争打马球的场面，画面尤为生动活泼。墓室内的壁画内容为宫廷行乐生活场景，有歌舞乐伎、观鸟捕蝉、出行、仪仗等，场面壮观，气势宏大。

2. 乾陵

乾陵位于陕西咸阳市乾县城北6千米的梁山上，以梁山的主峰为中心。梁山是圆锥形石灰岩山体，三峰耸立。北峰最高，海拔1047.9米，为山陵主体。南部二峰东西对峙，故名"乳峰"，成为山陵南端的天然门阙，中间为司马道。三座挺拔峻峭的山峰，呈北高南低之势，耸立于茫茫苍穹之下，远望就像新浴之后的少妇披着长发，头北足南，仰面躺在蓝天白云之下。

高宗、武则天时期是唐朝政治、经济蓬勃发展的强盛时期，乾陵营建时，正值盛唐，国力充盈，陵园规模宏大，建筑雄伟富丽，堪称"历代诸皇陵之冠"。乾陵也是唐代诸陵中最有代表性和保存最好的一处，更是中国乃至世界上独一无二的一座两朝帝王、一对夫妻皇帝合葬陵。当然，由于武则天死前宣布"去帝号"，所以在封建礼制上乾陵仍然属于一帝一后的合葬墓。目前是全国重点文物保护单位。

唐高宗李治于公元682年崩于洛阳之贞观殿，享年56岁，在位34年。他临死前表示愿将尸骨埋在京师长安的关中地带。文明元年（684年）五月，

第四章 隋唐宋元时期的陵墓

乾陵远景

武则天遵照高宗遗愿，命睿宗护送高宗灵驾西返京师长安，开始了乾陵的修建。八月，高宗灵柩入葬乾陵玄宫。

女皇武则天于神龙元年（705年）十一月崩逝于洛阳上阳宫，临终遗嘱"祔庙、归陵、令去帝号，称则天大圣皇后"，终年82岁。但在如何安葬武则天的问题上，朝廷发生了一番争论。中宗欲满足母后"归陵"的遗愿，但以严善思为代表的一些大臣极力反对。宽厚仁慈的中宗皇帝为了表示孝心，最终命人挖开乾陵埏道，启开墓门，于神龙二年（707年）五月将武则天灵驾迎还长安，八月入葬乾陵玄宫。

合葬武则天后，中宗、睿宗朝又将二太子、三王、四公主、八大臣等17人陪葬乾陵。因此，乾陵陵园的所有营建工程经历了武则天、中宗至睿宗朝初期才全部竣工，历时长达57年之久。

乾陵发展、完善了昭陵的形制。据史书记载，陵园仿唐都长安城的格局营建，分为皇城、宫城和外郭城，其南北主轴线长达4.9千米。

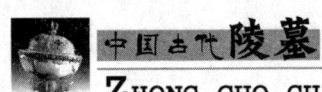

从乾陵头道门踏上石阶路，计 537 级台阶，台阶总高差为 81.68 米。走完台阶即踏上"司马道"，直通到南二峰的天然双阙。此处有"唐高宗乾陵"墓碑，高 2 米，是清乾隆年间重建的。此碑右前侧另一块碑，是郭沫若题写的"唐高宗李治与则天皇帝之墓"12 个大字。后面即是长达 3 千米的神道。

神道以南还有鹊台和乳台遗址。鹊台是陵园的第一道门，在梁山南坡下，距内城南门约 4 千米。东西两门相距 100 米，现存高 9~10 米，基部四周砌石条。乳台是陵园的第二道门，在内城正南司马道南端东西两侧的山峰上。两峰呈东北—西南方向，间距 380 米，海拔分别为 944 米和 930 米，形势极为壮观。乳台经考古发掘，也为三出阙形式。基址平面呈双重凸字形，东台宽端向西，窄端向东，西台则相反。基座以石条平砌，面阔 23 米，最大进深 12.85 米，最小进深 10.5 米，高 0.76 米。基座以上的阙台，中心为坚实的夯土，四周以平砌的砖墙包裹，上下收分显著。基座宽端高、窄端低，呈三级台阶式，依此夯筑的阙台顶面也呈错落的三级台阶式。西乳台残高 9.7 米。东乳台顶部残留有部分铺地砖，通高 14.4 米，应是乳台的原高点。乳台附近

乾陵神道

有残瓦，推测台上原有楼阁建筑。

乾陵的石刻是唐代诸陵中最多的，共有120余件，现存109件，主要集中在神道两侧，从梁山起，往北依次对称排列。这些精美绝伦的大型石刻群，成为盛唐社会蓬勃发展的真实写照，让人感受到它所体现的盛唐时代精神。全部石刻由南向北依次为华表、翼马、驼鸟各1对，石马及牵马人5对，石人（翁仲）10对，石碑两通，蕃酋61尊，皆东西对称布置，相距25米。在中国历史上，帝陵前石刻的数目、种类和安放位置也是从乾陵开始才有了固定制度的，一直沿袭到清代。历代大同小异。

一对华表是帝王陵墓入口的标志，通高约8米，呈八面柱形，通体雕饰云纹、瑞兽和缠枝石榴花纹。华表的造型昭示着生命长存的理念，也隐含了远古先民的生殖崇拜思想。一对翼马昂首挺胸、浑圆壮观，有卷云状双翼，作云雾中飞翔奔驰之状，石座上雕刻龙、獬豸、狮、象，或仰首怒吼，或张牙舞爪，或奔驰追逐。一对高浮雕驼鸟昂首挺颈，作侍立状。

紧接驼鸟的是5对配有驭手的石仗马和10对高4米左右的石翁仲（或称直阁将军），象征着多层警卫。石马上雕刻鞍、镫等马具，驭手站在前侧。石翁仲代表皇帝生前的侍卫，头戴束发冠，身穿宽袖长袍，腰系带，脚着靴，双手握剑，双目注视前方。

知识链接

翁仲

传说中的翁仲历史上确有其人，姓阮，是秦朝镇守临洮的大将。相传他身长1丈3尺，而且是一名大力士，勇猛异于常人，威震匈奴。翁仲死后，秦始皇竖翁仲铜像于咸阳宫司马门外。后来匈奴人到了咸阳，远远望见该铜像，还以为是真的阮翁仲，不敢靠近。因此，后世的帝王用来守卫宫阙庙堂和陵园的石像也被称为"翁仲"。

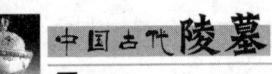

翁仲之北是两通石碑，东西相距61米。西边的一通是唐高宗的金字"述圣纪碑"，碑高6.30米（连同基座通高约7米），平面呈正方形，每边宽1.86米。碑身分为五段，碑文刻于正面，计8000余字，由武则天亲自撰文，碑文内容为歌颂唐高宗的文治武功。中宗李显书丹，笔画初刻填以金屑，现今个别字的金迹尚在。经考古发现原有碑亭。

东侧一通是武则天的无字碑，通高7.53米，宽2.1米，厚1.49米，重约98.8吨。碑身雕有8条互相缠绕的螭龙，左右两侧各4条。碑身用一块完整的巨石雕成，两侧各线刻高4.12米的"升龙图"。碑座阳面线刻"狮马图"，长2.14米，宽0.66米。整个无字碑高大雄浑，雕刻精美，为中国历代群碑中的巨制。无字碑系按武则天遗言而立，但不铭一字，留下诸多待解之谜。无字碑亭的基址为方形夯土台，面阔15.8米，进深15.55米，共9间，碑在中心。周围柱础为青石质，边长0.6～0.7米，中间有榫眼。碑亭四周有砖砌的散水。

据《长安图志》记载，高宗殡葬时，我国边疆少数民族首领和邻近国家

乾陵无字碑

的特使共 61 人前来乾陵参加葬礼。为了纪念这件大事，唐中宗于神龙元年（705 年）刻石像立于陵前，东列 29 人，西列 32 人，皆穿窄袖衣，腰束宽带，足蹬皮靴，两手前拱做祈祷状，大小和真人差不多。石人头部早年多被毁坏，只有西列两尊尚存头部，皆高鼻、深目，显然系西域或中亚人。石人背后刻有国名和官职、姓名，少数尚可辨认，有"木俱罕国主斯陀勒""于阗国尉迟璥""吐火罗王子羯达健""默啜使移力贪汗达干""播仙城主何伏帝延""阿史那忠节"等 7 人。据考证，当时这些国家大多在今新疆境内。高宗、武则天时代唐代政权北控漠北，西辖葱岭，这些人往往既是本地区的酋王，又是唐朝中央政权任命的地方行政长官。这些石刻正是唐朝统一多民族国家的实证。

明朝末年的诗人描写乾陵的诗中就有了"赤马剥落离倒旁"的句子，说的应该就是当时乾陵的立马和石像都已经纷纷倒在了地上。但关于石像没有脑袋的原因，可谓是众说纷纭。

一种说法是，这些石像的头部是被明朝的百姓砍掉的。在明朝初期，有个外国使节到乾陵去游玩，发现自己的祖先竟然被立在这里给唐朝的皇帝守陵，觉得既有损于国格，也有辱于人格，自尊心受到了极大的损害，便想把这些石像给毁了。但是他又怕引起当地民众的不满，于是便想到了一个妙计。他每天晚上都要到乾陵附近的庄稼里践踏粮食，然后在第二天又煽风点火似的和百姓说这都是那些石像做的，他们在晚上便成精了，开始糟蹋庄稼。要想保护好庄稼和粮食就必须把这些石像消灭掉，砍掉它们的脑袋，让它们不能再出来祸害庄稼。当地的群众认为这个外国使者说得非常有道理，于是一气之下便把这些石像的脑袋给砍掉了。

还有一种说法认为是八国联军侵华时，看见唐乾陵前面立着外国使臣的群像，同样感到有辱他们的脸面，于是就把石像的脑袋给砍掉了。但是这种说法也毫无根据，因为据历史学家考证，当时的八国联军并没有来到乾陵这个地方，哪来的砍石像一说呢？

考古学家又进一步对此现象进行了分析，认为可能是自然灾害给这些石像带来了灾难。通过大量资料证明，在明嘉靖年间，也就是 1555 年的 1 月 23 日这一天，在陕西华县一带发生了强烈的地震，这便是震惊中外的关中大地震，这场地震的震级高达 8～11 级。由于地震发生在子夜，所以以致使 80 多万人在这场灾难中丧生。乾陵距华县只有 100 多千米，同样属于震中地带，也因此遭受到了严重的毁损。据专家们推断，这场地震才是造成这 61 尊石像头部断裂的主要原因之一。由于修建时选用的石料中有一些石瑕（瑕），因此这些石像不是很结实，特别是颈部最容易出现问题。研究人员推断，这61尊石像很有可能是一部分毁于那场大地震中，还有一部分是毁于明末清初的那些战争中。即使这些石像已经遭到毁坏，但还是可以从他们的残存形象中发现大唐盛世的景象。

文献记载，乾陵陵园"周八十里"，原有城垣内外两重，考古工作者已发现了内城基址。通过勘查得知，陵园内城约为正方形，其南北墙各长1450米，东墙长1582米，西墙长1438米，城基夯筑，宽2.1~2.5米，总面积约230万平方米。内城置四门，东曰青龙门，南曰朱雀门，西曰白虎门，北曰玄武门。四门形制相同，门址宽27米，门前左右对立一对阙。以南门为例，门阙为三出阙形式，残高11~12米。基址在一个水平面上，用石条铺砌，阙台夯筑，外包砖墙，向上逐渐收合。内城四角有角阙，阙址现存高度5.1~10米。南门内发现的建筑遗址有献殿及东西两厢的东、西阁。城内还有偏房、回廊、阙楼、狄仁杰等60朝臣像祠堂、下宫等多组建筑群，气势雄伟壮观，规模宏大。但自"安史之乱"后，乾陵历经1300多年的风雨沧桑，地面的宏伟建筑已荡然无存。

在陵园内城四门外各置石狮一对，一般通高2.9米，宽1.16米，以朱雀

乾陵61藩臣像

第四章 隋唐宋元时期的陵墓

乾陵古建筑复原示意图

门外的最为雄伟。这对石狮昂首挺胸，巨头披鬃，瞋目阔口，两足前伸，身躯后蹲，凛然挺拔如泰山。北门外还残存有石马和驭者石像。

乾陵玄宫开凿在梁山主峰南面的山腰上。根据科学探测，结合已发掘的陪葬墓和相关文献，专家推测乾陵墓室是由墓道、过洞、天井、甬道和前、中、后三个墓室组成，或有耳室。皇帝的"梓宫"即棺椁应当安放在中室，并置于棺床之上。"梓宫"的底部应有防潮、防腐材料，并以珍宝覆盖，其上可能覆盖"七星板"，板上置席、褥，旁置衣物及珪、璋、璧、琥、璜、璃等"六玉"。皇帝应当身穿12套大敛之衣，头枕玉匣，口含玉贝，仰卧于褥上，面朝棺盖。盖内侧应镶饰黄帛，帛上绘日、月、星辰及金乌、玉兔、龙、鹤等物。地宫的后室应另设石床，其上放置衣冠、剑佩、千味食及死者生前的喜好之物。前室设有"宝帐"，帐内设神座，周围放置玉质的"宝绶"、"谥册"和"哀册"。另外在过洞两侧的耳室和甬道石门的前后，应当放置有大量珍贵的随葬明器。

据考古工作者预测，乾陵地宫内可能藏有的文物分为六大类：金属类，有金、银、铜、铁等所制的各类礼仪器、日常生活用具和装饰品、工艺品等；陶、瓷、琉璃、玻璃等所制的器物、人物和动物俑；珊瑚、玛瑙、骨、角、象牙等制成的各类器具和装饰物；石质品，包括石线刻、石画像、人物及动物石雕像、石棺椁、石函和容器；壁画和朱墨题刻；纸张、典籍、字画、丝绸和麻类织物，漆木器、皮革和草类编织物等。

据乾陵《述圣纪》碑记载，唐高宗临终遗言，要求将他生前所珍爱的书籍、字画等全部埋入陵中。因此，陪葬入乾陵的稀世珍宝一定不少，这是一个满藏无价瑰宝的地宫。可以深信，一旦文物保护技术达到永久无损的高超水平，乾陵地下玄宫重启之日，必是石破天惊之时。那时，盛唐文化的独异风采必将让世界为之瞩目。

由于乾陵修建于盛唐，其宏大的规模和丰富的陪葬一直让许多人垂涎三尺。乾陵地宫的保存情况一直是人们非常关心的问题，历史文献中多处记载了乾陵曾经遭到的威胁。五代时，温韬为后梁耀州节度使期间，挖掘了所有的唐帝陵，"惟乾陵风雨不可发"。唐末农民起义，黄巢声势浩大，为获取军费，他动用40万将士盗挖乾陵，直挖出一条40余米深的大沟也没有找到墓道口。后因官军追剿，黄巢才不得不撤兵，至今在梁山主峰西侧仍有一条深沟被称为"黄巢沟"。民国初年，军阀混战，盗掘古墓成风。国民党将领孙连仲以保护乾陵为幌子，率部队驻扎乾陵，用真枪真炮演习的办法掩护一个师的兵力盗掘乾陵。士兵们用炸药炸了许多处地方，却没能找到墓道口。后来，当士兵们盲目挖掘时，忽然雷雨大作，数日不歇，军中一时传言四起，称武则天显灵了云云。盗掘不成，孙连仲匆匆率部离开了乾陵。直到现在，考古工作者在陵山周围也没有找到盗洞和被扰乱的痕迹，可以认为乾陵是目前唯一未被盗掘的唐代帝陵，也是除秦始皇陵以外唯一一座未被盗掘的古代帝陵。

令人意想不到的是，古往今来，多少人绞尽脑汁，费尽心思找不到的乾陵地宫墓道口却在20世纪50年代末被几个农民意外发现。1958年冬季，经过乾陵的西兰公路复修，需要大量的石料。乾陵附近的农民便到梁山上炸石取料。在第三炮炸响之后，半空中飞出几块石条，像是人工凿过的，上面还有字，或连着些像钢筋一样的东西。他们立即跑到乾县政府办公室报告了情况。县委书记、县长听完报告之后，叫一位姓杨的干部跟农民去看一下。他看了看现场，确实有石条。他让几个农民用碎石把炸

乾陵墓道口

点盖住后,就告诉农民:不准在这里炸石头了,炸出石条的事也不准张扬。几个农民就收拾起工具回家了。杨干部连夜向县领导汇报了情况。书记、县长一商量,就让他放下其他工作,专门管这件事,并立即去省城向主管上级汇报。

1958年12月4日,陕西省文管会派人进驻乾陵,立即对农民炸石的地方进行勘查。1960年2月,陕西省成立了"乾陵发掘委员会",并于4月3日开始发掘乾陵地宫墓道。至5月12日,墓道砌石全部披露。发掘显示:乾陵地宫墓道在梁山主峰东南半山腰部,全部开凿在石灰岩上,由堑壕和石洞两部分组成。堑壕深17米,全部用长1.25米、宽0.4~0.6米的石条填塞。墓道正南北向,呈斜坡形,全长63.1米,南宽北窄,外部宽3.87米。墓门外宽2.75米,平均宽3.9米。石条由南往北顺坡层叠扣砌,共39层,平面裸露410块。39层约用石条8000块,不少石条上刻有工匠姓名。石条之间用燕尾形细腰铁栓板拉固,上下之间凿洞用铁棍贯穿,接缝处熔化锡铁汁灌注,与石条融为一体。石条上再用夯土堆筑,异常坚固。在墓道两侧石墙上还发现了残存的壁画。

乾陵陪葬墓文献记载不一,现存封土共计17座,计有太子墓二(章怀太子李贤、懿德太子李重润),王墓三(泽王李上金、许王李素节、彬王李守礼),公主墓四(义阳公主、新都公主、安兴公主、永泰公主),大臣墓十(王及善、薛元超、杨再思、刘审礼、豆卢钦望、刘仁轨、李谨行、高侃、苏定方、薛仁贵)。

知识链接

懿德太子李重润

李重润(682—701年)是唐中宗李显与韦皇后的长子,高宗和武则天之嫡孙。本名重照,为避武则天名讳,改为重润。

李重润幼时深得高宗的喜爱,立为皇太孙。文明元年(684年),李显失太子位后,李重润被废为庶人。后因他私下议论张易之兄弟为何受宠入宫一事,被武则天下令杖杀,年仅19岁。中宗复位后,于神龙元年(705年)追为皇太子,号懿德。灵柩由洛阳迁葬乾陵,号墓为陵。

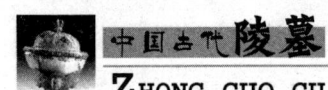

陪葬墓四周有园墙，面积大小不等，只设南门，门外立石刻。其中懿德太子李重润墓号称为"陵"，规模较大，坟丘为覆斗式。陵园南北长256.5米，东西宽214米，四角有角楼。南门内有献殿，门外设一对夯土阙，阙以南依次布列石狮一对，石人二对，石华表一对。章怀太子李贤墓坟丘也为覆斗式，陵园南北长180米，东西宽143米。南门阙以南只有石羊一对。1960—1971年已先后发掘了永泰公主、章怀太子、懿德太子、中书令薛元超、燕国公李谨行等5座陪葬墓。这些墓均由墓道、过洞、天井、壁龛、甬道、前室和后室组成。墓室和甬道用砖砌筑，方砖墁地，室顶为穹窿顶。懿德太子墓有天井7个，壁龛8个；章怀太子墓有天井4个、壁龛6个。各墓内共绘有100多幅绚烂多彩的墓室壁画，堪称中国古代瑰丽奇绝的艺术画廊。如懿德太子墓道两则绘有城墙、阙楼、出行车马仪仗、侍卫武士、侍从文官等；章怀太子墓道两侧绘有出行图、马球图、客使图等，都属唐代壁画的精华，不仅对研究唐代绘画，而且对研究唐代建筑、服饰、风俗习惯、体育活动、宫廷生活、外事往来等具有重要价值。这些陪葬墓皆已被盗，但仍出土残存珍贵文物4300多件，多为三彩俑、镇墓兽等陶器。

唐代其他墓葬

从初唐到盛唐，贵族、官僚墓中也都流行壁画。一般是墓道前部两壁各绘青龙、白虎，墓室顶部绘日、月、星辰，其他则有鞍马、明驼、牛车、列戟、步骑仪卫、属吏、男女侍者以及乐舞伎等。各绘在墓内的相应部位，其内容和规格视墓主人的身份而有所区别。贵族墓中还有天井和壁龛，正三品司刑太常伯李爽墓有天井3个、壁龛2个。天井和壁龛的多寡基本上与墓主人的官品爵位相一致。

五代十国陵墓

由于五代十国时期的政权时间都不长且多动乱，因此各国的帝王陵墓大都没有详细记载。后周帝陵在河南新郑县北，保存较好。晋高祖石敬瑭（892—942年；936—942年在位）墓在河南宜阳县北12.5千米处的石陵村。汉高祖刘知远（895—948年；947—948年在位）睿陵在河南禹县西北25千米处的柏村，地面仅保存冢丘和少量石刻。其他经过考古调查发现、发掘的有南唐李昪、李璟墓、前蜀王建墓、吴越王钱元瓘及次妃吴汉月墓、后蜀孟知祥墓、南汉刘晟墓等。

> **知识链接**
>
> ### 十国
>
> "十国"是唐朝之后,与五代几乎同时存在的十个相对较小的割据政权的统称。这几个政权分别是吴、南唐、吴越、楚、前蜀、后蜀、南汉、南平(荆南)、闽和北汉。
>
> "十国"的建立和灭亡时间不等,最早的吴国在902年已获得王位,此时唐朝尚未终结;最晚的北汉,979年才被北宋太宗灭国。但各国存在的时间一般都比五代各朝要长。"十国"建国之地也不同,除北汉在北方以外,其余皆在南方。"十国"政权有前后相承者,如前蜀和后蜀;有独立存在的,如南唐。此外,各国版图大小不等,相差悬殊,统治者称帝、称王也不一样。

1. 后周帝陵

后周诸陵在今河南省新郑市城北18千米处的郭店附近。周庄村南一座为太祖郭威的嵩陵,陵上村西、南和东北三冢分别为世宗柴荣(921—959年;954—959年在位)的庆陵、世宗皇后符氏的懿陵和恭帝柴宗训(953—973年;959—960年在位)的顺陵。

嵩陵与庆陵坟丘较大,周长103米,高19米。懿陵与顺陵坟丘较小,周长30米左右,高314米。庆陵陵园正方形,每边长约200米,南部设门,陵前设祭坛。顺陵墓室砖砌,平面圆形,穹窿顶,直径6.2米,高约7米;墓室及甬道壁面彩绘壁画;墓顶绘星象图,甬道东侧有"文吏迎侍图",墓室西侧残存"武吏端斧图"。

北宋代周采用了"禅让"形式,因而对后周陵墓明令保护。宋史载,高祖乾德四年（966年）"诏给守陵三户，岁一享"。金元时期逐渐荒废，明代初年又曾对庆陵进行大规模修缮。至今园中古柏参天，陵前留有历代碑刻40余通。

2. 南唐二陵

南唐烈祖李昇（888—943年；937—943年在位）死葬钦陵（亦称永陵）；中主李璟（916—961年；943—961年在位）死于洪州（今江西南昌），迎葬于钦陵之侧，号顺陵。但文献中对于南唐二陵的地点记载不详，1950年经过考古调查得以发现并进行了发掘。

二陵位于南京市江宁县牛首山南麓，背后为牛首山的双峰，左右群山环抱；前面为农田，所谓"背依天阙，面矗云台"，形势极为优胜。

二陵的形制保存了汉唐以来陵墓建筑的传统，细部结构、装饰和随葬品也大多模仿唐代作风。二陵东西并列，相距约50米，面南背北。建筑形制、规模、用材大致相同，都是依山为坟，在山的缓坡上凿出一片平地，再建墓室，然后周围填筑。钦陵坟冢为圆丘形，直径约30米，封土厚6.5米。最下一层铺着倒置的瓷碗，排列整齐，上面用石灰、碎石、黄沙层层夯打，既增加强度，又起隔水作用。顺陵西、北两面与山坡相连，形成斜坡形，封土中夹有平铺的青石板。建造都是砖石并用，钦陵用石料较多。砖的形制可分为长方形、楔形等五种。二陵都有前、中、后三个大小相似的主室，两旁各附侧室，钦陵13个，顺陵11个。钦陵全长21~48米，宽10.12米，高5.3米；顺陵全长21.9米，宽10.45米，高5.42米。后室建石制的棺床。钦陵后室及侧室用长方形石条砌筑，顶作覆斗形。其余用砖建的墓室，顶部为四方合拱形。钦陵中、后室用石板铺地，其余各室用砖铺地。墓门均用巨石封塞。墓室四壁均仿木建筑形式做出倚柱、阑额、斗拱、柱头仿等。斗拱都是简单的一斗三升式。钦陵的这些部位及后室顶部都施彩画。底部墁一层厚2.5厘米的糯米汁和石灰混合的泥浆，其上用灰粉刷；然后彩绘，所用颜色有朱红、赤黄、石青、石绿、褐等色。彩画用工笔技法，内容多为缠枝牡丹、海石榴花、宝相花、柿蒂、仰覆莲、蕙草等花卉。后室顶绘星座图，与后室底部雕刻的河流图上下辉映。顺陵原有类似彩画，大部已脱落。钦陵中室北壁两侧为整块青灰岩，各有一尊高浮雕披甲持剑武士像，上方横额浮雕"双龙戏珠"图像。棺床上部边缘雕刻海石榴花，座侧浮雕八条舞龙。后室两扇门用整块青石板制成，高2.24米，厚0.15米，宽2.4米。面上刻有装置门钉和门环的孔。

二陵均已被盗，仅出土少量陶俑、陶制动物、玉石哀册、铜器、铁器以及陶瓷器碎片。陶俑造型生动，装饰、表情各异，有拱立、持物、舞蹈的男女俑，持剑、持盾的男俑以及人首蛇身、人首鱼身的俑，其身份包括妃嫔、贵妇、侍女、舞姬、内侍等。哀册内容为歌功颂德之词。

4. 吴越王墓

吴越王墓分布在浙江杭州市郊和临安县两地，均建于背山面江的山坡上。第一代吴越王钱镠卒于后唐长兴三年（932年），后唐明宗"以王礼葬，仍赐神道碑"，位于临安县城东北太庙山下。第二代吴越王钱元瓘（887—941年；932—941年在位）墓在杭州市郊玉皇山下，墓前有明嘉靖年间所立"吴越国文穆王墓"碑，东面施家山南麓为其次妃吴汉月墓。两墓相距约400米，分别于1958年和1965年发掘。

两墓结构、用材、彩绘、雕刻、随葬品基本一致，皆为石椁墓。钱氏墓分前、中、后三室，吴氏墓仅前、后二室，前室两侧有耳室。石椁均用红色砂砾岩厚石板制作，此种石料不产于杭州附近，系从外地采运而来。封门和门框用大块石灰岩凿刻，连接处都作出榫卯。前室原施彩绘。后室四壁雕刻图像，表面施朱、红、绿等色彩绘。上层为宽带状牡丹图案，中层为四神，下层为十二生肖神像。后室石椁顶部刻天文图，以北极为中心，星象位置相当准确，星和星之间用线连接，构图简明，星象连线及周围贴金装饰。它比现存苏州石刻星图早300多年，直径约大一倍，具有较高的科学价值。

随葬品中有一批珍贵的"秘色瓷器"，制作十分工整，胎质细腻坚实，多呈浅灰色，釉色以青和青绿为主，有的面上还以贴金装饰。

5. 前蜀王墓

前蜀王王建（847—918年）在位12年，死后葬永陵，在今成都市老西门外高地上。1942—1943年我国考古工作者进行了发掘，使这座湮没千年的陵墓重现在人们面前。

永陵封土为陵，封土圆丘形，夯筑，基部周围用条石垒砌，直径约80米，高约15米。其外有间隔1.5～2.5米的三道砖基，似为陵垣遗迹。正南面砖基之间有包砖夯土墩台一对。陵前原有石刻。1971年在陵南300米处出土一躯巨大的文官石像,头戴冠,身佩剑,双手执笏,线条粗犷。石像保存完好,高3.8米,连座通高4.1米,用整块青石雕琢而成。陵前设置高大石像在五代十国其他陵墓中尚未发现。

　　墓室南向,无墓道,全长23.4米,由14道红沙岩砌筑的拱券组成,分为前、中、后三室,每室装木门一道,室间有雨道相通。室壁面上涂抹细泥,上施天青色和朱红色彩绘。中室为主室,面积较大,中央偏后建须弥座式石棺床,高0.84米,长7.5米,宽3.35米,上置棺椁。棺床东、西、南三面浮雕24名乐伎,其中舞者2人、奏乐者22人,表情生动,姿态互异。乐器组合属燕乐,有琵琶、拍板、鼓、笛、笙、筝等共20种,组成一支完整的宫廷乐队。棺床两侧排列托棺床的12个力士半身石雕,戴盔或冠,着甲,神态沉着勇武。后室建石床,上置王建圆雕石像,表面残存粉彩痕迹。像高0.86米,头戴折巾,身着帝王常服,比例匀称,与史籍记载相符,是一座写实的佳作。

　　该墓早年被盗,出土随葬品仅30余件。棺内出的玉銙、铊尾和银扣玉大

前蜀王墓棺床

带，后室出的宝盝及谥宝、册匣及玉册、银盒、银钵、金银胎漆碟、银平脱朱漆镜盒，都是非常珍贵的文物。

6. 后蜀王墓

后蜀王孟知祥（874—934年）于后唐应顺元年（934年）元月自立为帝，国号蜀，史称后蜀。同年七月病卒，葬和陵。和陵史书无载，1971年考古工作者发现并发掘。

和陵是孟知祥夫妇合葬墓，位于四川成都市北约7千米处的磨盘山南麓。地面有高大的坟丘，下部围砌青石，周长77.4米。全墓由墓道、甬道和墓室三部分组成，全部用青石砌筑，以石灰作黏合剂，建筑风格特殊。墓道有22级台阶，甬道为券顶、设闸门和双扇墓门，地面有马槽式排水沟一道，两者总长12.5米。墓门为牌楼式建筑，屋脊两端的鸱吻上面刻龙凤，四根门柱上分刻青龙、白虎，左右各有一尊圆雕武士。武士高1.1米，身披甲胄，手执剑斧。

墓室中间为主室，东西两侧各有一个耳室。三室均为圆形，穹窿顶。主室直径6.7米，高8.16米。耳室直径3.4米，高6米。三室之间有门互通。地面用长1.7米、宽1米、厚0.3米的石板铺墁。耳室一部分石块上刻有上交石料的地名、时间和尺码。主室壁面彩绘男女宫人，线条流畅，造型丰满。主室有须弥座式棺床，长5.1米，宽2.75米，高2.1米，形制与王建墓棺床近似。上层一周浮雕双龙戏珠，中层四面各凿长方形孔数个以作插放罩棺帐柱之用，底座一周线刻莲瓣。前后面各有高浮雕的裸身卷发力士5人，四角各有高浮雕身披甲胄的力士1人，皆做跪地负棺状，表情各异，形象生动。主室顶部正中以浮雕蟠龙结顶，下方四角各有一个小铁环，正对棺床四角，推测为牵挂罩棺锦帐所用。棺床前方右侧放置孟知祥妻晋王李克用从女福庆长公主墓志一盒和石质油缸一口，左侧残存孟知祥玉册数片。

7. 闽王墓

闽王（后梁册封）王审知于公元925年卒，死后葬福州城北凤池山，公元932年迁葬莲花峰下。莲花峰上锐下圆，形若莲花，东西两山称东、西室山，附近是闽王族葬地之一。王审知及子王延钧、孙王继鹏等均葬于此。王审知墓在东、西室山中间，封土为陵，明宣德五年（1430年）被当地驻军盗

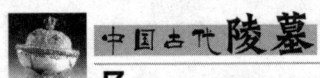

掘，今陵园内仅存三层阶式陵台及石翁仲、石兽等。

8. 南汉王墓

南汉王刘龑公元于942年卒，子刘玢即位，次年其弟刘晟杀玢自立，公元958年刘晟死。刘龑墓称康陵，刘晟墓称昭陵。

根据1972年调查，康陵位于广州郊区北亭，为砖室墓，顶部五层券拱。墓室长约12米，分前室、过道和后室三部分。后室近方形，前室稍窄而长，每边各有8个壁龛。墓门用大石板横砌封堵。

1954年广州市东北石马村发现了一座五代时期砖室墓，据考证即为昭陵。该墓位于石牛山麓，高出墓前的盆地约3米。墓道在南面，斜坡式。墓室砖砌，分为前室、过道和后室三部分，全长约12米。后室长方形，长8米，宽2.54米，高2.2米，顶为三层砖券拱。前室近方形，两侧有砖砌器物箱，现存完整的东壁器物箱分为八格，是一种罕见的形式。墓门用石块封堵。有的墓砖上划刻南汉纪年和工匠姓名。墓前发现石马一对，石象一件，石俑两件，均用石灰岩雕成。石俑一件高1.5米，另一件高1.6米，皆长衣阔袖，两手高拱似执笏。马做跪伏状，长1.31米、高1.63米。该墓早年多次被盗，但仍在东侧器物箱内出土陶瓷器近200件。

第二节 两宋陵墓

北宋初年，仿木结构建筑的砖室墓结构还很简单，到北宋中期才达到成熟的程度，从而成为一种特殊类型的砖室墓。从这以后，墓室的平面又从方形或圆形演变为等边多角形，仿木结构则从简单的"一斗三升"代替木或

"把头绞项造"演变为五铺作重栱,从版门直棂窗演变为雕花格子门。

北方宋墓一般多为单室墓,后期较大的墓则分前后两室。墓内多用壁画或雕砖作装饰,其内容主要是表现墓主人的日常生活,特别是墓主夫妻举行"开芳宴"的场面,有时也有孝子故事图等。在有些北宋末年的墓中,还出现了杂剧砖雕。墓室的后壁,则往往有"妇女掩门"雕砖。随葬品寥寥无几,这可能是由于各种器具什物已充分地绘刻在壁画和雕砖上的缘故。

长江中下游地区的宋墓,与同地区的唐墓相似,除了竖穴土坑墓以外,主要是简单的长方形砖室墓,往往两室并列,夫妻各葬一室。随葬品除陶瓷器外,还有不少漆器和铜镜,偶尔也有银器。江西、福建省境内的宋墓,有用陶瓷俑随葬的,其中包括十二时辰俑和神煞俑。四川省境内的宋墓,除砖室墓外,还流行石室墓,后者多有雕刻,其题材为墓主人夫妇"开芳宴",有的则为孝子故事。

北宋帝陵

北宋共历九帝,其中末代徽、钦二帝因被金人掳走囚死漠北,仅有衣冠冢,其余七个皇帝以及被追尊为宣祖的赵匡胤、赵光义之父赵弘殷都埋葬在河南省巩县,世称"七帝八陵"。陵旁祔葬皇后陵21座,陪葬宗室子孙和名将勋臣数百人,形成庞大的陵墓群。陵区范围东西约10千米,南北约15千米。北宋皇陵结构完整,陵前列石大致齐备。20世纪60年代初对此曾进行过全面调查。

北宋皇陵陵区

巩县宋陵以芝田镇（宋永安县治）为中心，可分为四个陵区：第一区在西村乡北，包括宣祖永安陵、太祖永昌陵、太宗永熙陵；第二区位于蔡庄村北，为真宗永定陵；第三区位于巩县城南，有仁宗永昭陵、英宗永厚陵；第四区位于八陵村南，有神宗永裕陵、哲宗永泰陵。宋靖康、建炎年间，陵墓遭金兵破坏，至元代地面建筑全部被毁。

陵区所在的丘陵地带，南对嵩山少室北麓，北据洛水，东边群山绵亘，西为伊洛平原，水深土厚，被视为"山高水来"的吉祥之地。但宋陵的选址在地形利用上，与历代帝陵居高临下、倚山面河、置陵墓于高阜的制度不同，而是置陵台于地势最低处，面山背水，诸陵的方向均面对嵩山的主峰少室。这些显然是受到了当时风水堪舆学说与地形的影响。

八座帝陵的布局基本一致。陵园的规模较小，每陵皆有兆域、上宫和下宫。兆域即陵区，四周种植棘积等作为标记。兆域内除皇陵外，还有祔葬的皇后陵、宗室和重臣的陪葬墓以及"下宫"建筑。帝陵陵园坐北朝南，每座占地约10万平方米，远小于汉唐陵园。继承汉唐积土为陵的制度，陵台也呈覆斗形，是整个陵园的中心，但规模较唐陵小，底部每边长50～60米，除永厚陵外，高度都在15米以下。陵台下为玄宫，也称皇堂。陵前置石刻宫人一对。再前为献殿，四周筑夯土围墙，称为上宫。上宫平面方形，每边长约230米，四面正中辟神门，四隅筑角阙。东、北、西三门之外，各置石雕蹲狮一对。南门系正门，门外置石雕武士、奔狮各一对。上宫前面为神道，两侧置石刻，神道南端两侧建乳台，再南筑一对鹊台。神门、角阙、乳台、鹊台下部是夯筑土台，外表砌砖，上部建楼观。乳台以北为列石，自南至北依次排列各种石刻，标准数量为60件。

宋仁宗永昭陵修复后外观

第四章 隋唐宋元时期的陵墓

知识链接

宋仁宗与庆历新政

宋仁宗赵祯，初名赵受益，是宋真宗的第六子，生于大中祥符三年（1010年）。1018年被立为皇太子，赐名赵祯，1023年即帝位，时年13岁。1063年驾崩于汴梁皇宫，享年53岁，在位41年。

宋仁宗统治时期，国家安定太平，经济繁荣，科学技术和文化得到了很大的发展。

但与此同时，宋朝面临官僚膨胀的局面，冗官冗兵特多，而对外战争又屡战屡败，虽然西夏已向宋称臣，但边患危机始终未除。后来，宋仁宗任命范仲淹以"十大政策"——明黜陟、抑侥幸、精贡举、择官长、均公田、厚农桑、修武备、减徭役、覃恩信、重命令——进行变法，史称"庆历新政"。但反对势力庞大，难以推动，一年四个月后便宣布中止，最终也没有解决宋朝面临的问题。

"下宫"乃日常奉飨之所，建于皇陵西北，后陵之前，与唐陵下宫在帝陵之西南的方位不同。如今地面建筑已荡然无存，现在只有定、昭、厚、裕、泰诸陵尚存南门外的一对石狮。据文献记载，下宫有放置御座和仪仗的正殿，放置皇帝画像和衣物的影殿，附属建筑则有洗盥院、南厨以及宫人、陵使、副使居住的廨舍等。可知下宫乃是日常奉飨之所并由宫人、陵使、卫兵居住，其性质和汉代的寝园相似。

宋代后妃恢复汉代制度单独起建陵园，为自唐以后历代帝陵中所仅有。但与汉代后陵在帝陵前方一侧不同，北宋后陵都在帝陵西北，地位显然下降。陵园布局、建筑与帝陵相似，只是形制较小，规模小过一半，石刻较少。

太宗永熙陵三处祔葬中最南一陵为元德李后陵，早年被盗，1984—1985年又作了发掘，是第一座经科学发掘的宋代帝后级陵墓。李后陵地面存有灵台、石象生和部分阙台。玄宫南向、有券门、穹窿顶。前面有斜坡形墓道，单室、砖砌，平面呈近圆的多边形。四壁用砖影作出角柱、斗拱、昂、耍头、枋、椽、望板、檐瓦等。耍头面上刻人首鸟身、双手合掌的迎陵频伽像，拱眼壁上墨线勾勒盆花图案。周壁用平砖砌筑，雕有桌、椅、衣架和门窗等装饰，还绘有楼阁和云朵等彩画。倚柱上置仿木构单昂四铺作斗拱，上承屋檐，是已发掘的北宋纪年墓中饰有仿木构砖雕和壁画年代最早的一例。墓顶表面深青灰色，并用白粉绘出星辰及银河以象征天穹，青石券门的门楣和门扇上线刻飞天武士等图像。

宋陵陵区内地面石刻数量很多，仅列于帝后陵前者，即有550多件，加上陪葬之亲王、大臣墓者，总数可达千件以上。其布置均仿照唐陵的格局，仅内容、类别、数量稍有变化。从形态和装饰上比较可分作三期：前期相当于10世纪末到11世纪初的永安、永昌、永熙、永定四陵，各类人物造型较粗壮，带有晚唐遗风。中期约当11世纪前半叶的永昭、永厚二陵，人物造型由粗壮渐趋于修长，文臣静雅、武士也有"儒将"风度。晚期为11世纪后半叶至12世纪初的永裕、永泰二陵，人物皆作修长体态，瑞兽图案失去了活泼神情，腹部两侧增设了云朵及水波纹，着意渲染其神秘色彩。有七座帝陵前置石刻客使和驭象人，含义已与唐陵不同，不含有征服、鄙视的意味，而是平等相处、友好往来的象征。

各陵石刻的题材、数量、排列都有定制。帝陵神道两侧由南往北为望柱一对、象和驯象人共一对、瑞禽一对、角端一对、马与驭者共两对、虎两对、羊两对、"蕃使"三对、武臣两对、文臣两对。再加上南门外石狮和武士各一对，南门内宫人一对，东、西、北三门之外石狮各一对。每对石像相对排列，狮、宫人及武士相距20米左右，其他相距40米左右。这些石刻多用一块巨石雕刻而成，包括线刻、浮雕和圆雕。早期石刻纹饰造型比较简练浑厚，带有晚唐遗风，中期以后人物造型渐趋修长、写实，技法渐趋精巧、细腻，文臣武将均具儒雅风度。

石刻以永熙、永定、永裕三陵最精，不乏成功之作。驯象人卷发及肩，以带束发，额饰宝珠，戴大耳环，臂有钏、腕有镯，这种装束显示了他们和象来自遥远的异国。蕃使面目服装各异，手捧宝瓶、珊瑚、莲花盘、犀角、玉函等方物，说明来自不同国家和地区。永熙陵的宫人，形态逼真，丰颊广颐，手执拂尘，毕恭毕敬，似乎正小心翼翼地静待皇帝的召唤。永裕陵南门

第四章　隋唐宋元时期的陵墓

的一对石狮，一牝一牡相视而立，牡者张口怒目，昂首奋鬣；牝者披毛静立，情态温驯。

望柱表面饰以各种装饰花纹，下部为方基莲花座，中间为六棱或八棱形柱身，上部以合瓣莲花结顶。柱身用减地平雕和线刻手法雕饰旋绕的云龙或翔凤以及缠枝牡丹等图案，每个棱面纹饰构图自成单元，线条流畅，结构严谨。

宋神宗永裕陵石刻

各陵附近有很多大臣和宗室子弟的陪葬墓，多在皇陵的北面或西北面。据记载有包拯、寇准、高怀德、蔡齐等人，其中英宗四子魏王赵頵墓已经发掘。

宋代规定，皇帝生前不得营建寿陵，死后七个月内陵墓营建、入葬仪式必须全部完成。由于工期紧迫，必然因急功近利而耗费更大的人力、物力、财力。现存的"永泰陵采石记"碑记载：建陵中仅采石料就用工 1 万多人，因病而死的竟达 300 多人。整个工程的耗费自然更为惊人。

开采皇陵用石的遗迹位于今河南偃师南部前罗山前的山沟里，长约数里，沟壁满是采石留下的凹坑和錾凿痕迹，沟底散布着厚厚的一层废石料。石壁上保存着元符三年（1100 年）为永泰陵采石工程中导泉的题记，山崖上找到一处埋葬死难工匠的石龛，这是一项过去尚未发现过的古代遗址。据采石场宋人题记，记载了北宋禁军参与采石工程的史实，证实了北宋帝、后陵墓采石碑记所列使用工匠、兵士的数字。

南宋帝陵

南宋皇陵位于今浙江省绍兴市皋埠镇境内镇宝山中。

南宋共有 9 位皇帝，最后三位都是小皇帝：宋恭帝赵显 3 岁当皇帝，5 岁被攻陷临安的蒙古军掳走，后被迫至吐蕃出家为僧；宋端宗赵昰 10 岁病死在逃亡途中；最后一位叫赵昺的小皇帝，被陆秀夫背着跳了海。所以，南宋的皇陵区又叫"宋六陵",分别是宋高宗赵构的永思陵,宋孝宗赵昚的永阜陵,宋光宗赵惇的永崇陵,宋宁宗赵扩的永茂陵,宋理宗赵昀的永穆陵,以及宋度宗赵禥的永绍陵。

除了6座皇陵外,在这片方圆2.5平方千米的陵区,还有近百座后妃、皇室贵族墓,以及几十位宰相和大臣,共有100多座陵墓,是历史

南宋六陵所在地

上江南地区最大的皇陵区。

绍兴元年（1131年）,随宋高宗南渡的宋哲宗昭慈皇后孟氏（孟太后）病死,留遗诏给宋高宗,要求"攒殡"。意思就是将棺材暂时集中安葬,希望有朝一日收复中原,重新迁葬于河南巩义的祖陵区。因为此后所有皇陵都是攒宫,所在的镇宝山,也因此被喊成了"攒宫山"。

但是由于当时只是把攒宫当作临时的建筑,加上南宋的国势比之北宋更加萎靡不振,所以南宋皇陵造得普遍草率简单。虽然也有"上宫"和"下宫",规制却不能与巩义皇陵相比,既没有高崇的陵台、陵垣及四门,也没有建筑乳台和鹊台,更没有神道的石象生,甚至竟然没有古代帝王陵寝必设的核心建筑——地宫。南宋皇陵的地宫有自己的叫法——"皇堂",其实不过是石质墓穴,即所谓石藏,棺置其中,这所谓的地宫,实际就是一种大的"石棺罩"。并且为了方便迁移,棺椁和陪葬都埋得很浅,石藏离地面仅"深九尺",折算起来是2米多一点。相应地,没有地宫也就没有墓道,所以南宋的攒宫与民间富贵人家建墓并无太多区别,甚至还有所不及。

南宋六帝陵根本没有考虑安全,又因为葬得这么浅,这就给盗墓者带来了方便。

公元1278年,元兵刚刚攻破南宋京城杭州,没过几个月,当时的江南佛教总管、西域僧人杨琏真伽就开始了对南宋皇陵疯狂的盗掘。负责挖掘的人不用费劲,把陵上很薄的夯土层挖掉后,就露出了石室和棺材。

第四章　隋唐宋元时期的陵墓

首先被挖开的是宋理宗赵昀的永穆陵，挖开浮土后就见石藏，打开石藏，就见到了棺椁、祭品和殉葬品。当时宋理宗才死4年，杨琏真伽撬开宋理宗的棺椁，发现遗体的面目还栩栩如生，头枕七宝伏虎枕，脚抵一柄杨贵妃用过的穿云琴，身下垫的是锦绣软缎。软缎下面的凉席被当时一个盗墓人拉出来后往地下一摔，听到发出金属的声音，拿起来仔细一看，原来是纯金丝编的。杨琏真伽不仅盗走了大量的金银财宝，而且把宋理宗的尸体也拖了出来，在树上倒挂了3天，把理宗肚子里用来防腐的水银控出来取走。

用人头骨制成的器皿

这还不算，他见理宗头颅硕大，还丧心病狂地把脑袋拧断，顺手带走，刮去腐肉，变成光滑的头颅，以颅壳盛酒，作为战利品炫耀。因为西域僧人有一个习俗，认为用人的头骨做器皿可以招福去灾，更何况是皇帝的头骨。

杨琏真伽前后挖开101多座古墓，把多数皇陵以及埋入皇陵的后妃、皇子、公主以及功勋大臣的坟墓几乎全部挖开，尸骨撒满山沟，一片狼藉，惨不忍睹。杨琏真伽觉得这样还不过瘾，于是将诸帝骨骸杂以牛马枯骨，在临安故宫中筑塔13丈，名曰"镇本"，以压制江南士人的反抗意志。历代陵寝，虽多有盗掘，但惨酷如斯，真可以说是惨不忍睹。朝野为之震动，民间怨气冲天。这是南宋皇陵的第一次劫难，也是最大的一次劫难。

明初，朱元璋下诏令重新修复宋六陵，而且每一座陵都重新竖上碑，并派了守陵人员，划出宋六陵这块地方不准砍伐。当时，陵区成了一片茂林。

然而，到了清朝，又有人对宋六陵进行了盗掘。抗战期间，汪伪政权的一些官兵也曾到这里来进行过一次集体盗掘，对宋六陵的破坏相当大。巍巍皇陵，如今只剩下一丛丛稀疏的古松，还依稀昭示着昔日皇家的威严，勉强象征着南宋皇陵的存在。

宋代其他墓葬

到目前为止,宋代墓葬发掘较多,不少带有纪年。宋代各地墓葬由于自然地理和埋葬习俗的不同,在形制、随葬品方面也有较大差异,而墓葬规模及随葬品数量与墓主人生前的地位没有必然的联系。

中原北方地区北宋墓可以大体上以神宗熙宁元年(1068年)为界分为前后两期。前期多土坑墓,也有砖室墓,砖室墓中有简单的仿木建筑;随葬品以瓷碗、罐为主,有时也有精美的瓷器。后期流行仿木建筑雕砖壁画墓,以表现墓主人夫妇家居"开芳宴"为主要题材,墓中随葬品稀少。砖室墓中也有平面长方形券顶的,夫妇合葬的还有双室并列的券顶砖室墓,这类墓葬中有较多的日用器皿随葬。

北宋三朝名相韩琦家族墓地发掘现场

长江中下游（浙江、江苏、安徽、湖北）地区北宋墓葬以竖穴土坑为主，也有平面长方形的砖室墓。随葬品较中原北方地区者为多，都以实用器皿随葬，有瓷器、漆器和铜镜等装饰品，瓷器以影青瓷器为主。南宋时期长方形砖室墓数量增多，且多两室并列夫妇合葬墓——"同坟而异葬"。湖北地区还出现了砖石混合墓和仿木结构砖室墓。南宋墓随葬品中出现了龙泉青瓷器，时代越晚，数量越多。

湖广地区（湖南、广东和广西）墓葬形制基本上与长江中下游地区的相同。随葬品以陶器为主，特别是形制特殊的多角罐和堆塑陶坛尤其复杂，有蟠龙龟蛇、楼阁亭塔、乐舞人物，有的还贴塑佛像。广东宋墓除砖壁石顶的砖石结构和石椁墓外，还有较多的火葬墓。墓葬中盛骨灰的陶坛种类较多，具有鲜明的地方特色。

闽赣地区（福建和江西）除砖室墓外还有用石板条石砌筑的石椁墓。

福建龙溪、将乐和江西乐平一带的宋墓，墓室结构简单。墓壁流行壁画装饰，但与中原北方地区复杂的仿木结构建筑壁画墓不同，壁画以表现墓主人起居生活为主。北宋至南宋中期墓葬中，特别盛行陶瓷俑的陪葬，俑分两类：一类是现实人像俑，另一类是神煞偶像俑。南宋中期以后，俑类日渐减少，明器神煞中的四神、十二生肖多塑在常见的堆塑瓶上。福建西北部的宋墓除随葬龙虎瓶外，还流行随葬多角罐。

川贵地区（四川、重庆和贵州乌江北岸地区）宋墓有两种类型。一种是长方形的砖室墓，集中在以成都为中心的平原地区，多双室或三室并列。北宋时多随葬陶器，很少发现陶俑；南宋时多火葬，墓室缩小，出现上下层之间铺以石板的双层墓，随葬品以陶俑为主，淳熙（1174—1189年）以后俑上施釉，嘉定（1208—1224年）以后流行三彩俑，陶器中以双耳罐、三足炉和蟠龙提梁罐最具特色。另一种是带雕刻的石室墓，分布于近山区的地带，也多是双室并列，有的有前后两室。室内刻简单的仿木建筑，近门处刻武士，四壁刻四神，后壁刻妇人启门状，也有刻孝子故事的。在贵州乌江北岸也发现此类宋墓，遵义宋墓的后壁上刻墓主人坐像。

第三节
辽夏金元陵墓

辽代陵墓

辽代墓葬一般分布在华北、内蒙古和东北各地。墓葬形式具有契丹族的特色。墓室除方形的以外，还流行圆形的。一般多为单室墓，但身份较高的贵族墓也有设前后两室的。墓室内有时有简单的仿木建筑的结构，并施彩画。葬具除木棺外，还盛行石棺。有的墓在石棺内绘毡帐住地和放牧的情形，反映了契丹族的游牧生活。辽代晚期开始出现平面呈八角形或六角形的墓室。这个时期受北宋墓的影响较多，特别是汉人的墓，有的在仿木结构的砖室中饰砖雕的桌椅，有的则在壁画中绘"开芳宴"和孝悌故事图等，与北宋墓相似。

知识链接

辽代疆域

辽国经过不断对外扩张，全盛时的疆域东北至今日本海黑龙江口，北至蒙古国中部的楞格河、石勒喀河一带，西到阿尔泰山，南部至今天津市的海河、河北省霸县、山西省雁门关一线与北宋交界。

> 辽分5道：上京道治上京临潢府（今内蒙古巴林左旗东南波罗城），辖以西拉木伦河流域为中心的契丹本土。中京道治中京大定府（今内蒙古宁城西大明城），辖原奚族本土。东京道治东京辽阳府（今辽宁省辽阳市），辖原东丹国地区。南京道治南京析津府（今北京市西南），辖今海河、大清河以北，及长城以南、河北、北京、天津部分地域。西京道治西京大同府（今山西省大同），辖今山西和内蒙古交界处。以上京为首都，其余四京是陪都，其中中京较为重要。五道共辖6府，156州、军、城，309县。

辽代十帝的陵墓，分为五个区域：太祖祖陵在今内蒙古巴林左旗境内；太宗怀陵在今巴林右旗境内，穆宗祔葬于此；显陵在今辽宁北镇医巫闾山中，为世宗父东丹人皇王陵，世宗也葬显陵西山；景宗乾陵在今北镇西南，天祚帝于金皇统五年（1145年）祔葬于乾陵旁；圣宗永庆陵、兴宗永兴陵和道宗永福陵，合称庆陵，在今巴林右旗白塔子北面的大兴安岭中。辽代帝陵多依山为陵，陵前建献殿。各区帝陵皆置奉陵邑和守陵户。祖陵的祖州、怀陵的怀州、显陵的显州、乾陵的乾州、庆陵的庆州等都是奉陵邑，其中祖、怀、庆三州的城址至今尚存。辽太祖的祖陵位置已经考定，诸陵中庆陵的考古工作较为全面系统。

辽庆陵远景

庆陵是辽圣宗耶律隆绪和仁德皇后、钦爱皇后的永庆陵,辽兴宗耶律宗真和仁懿皇后的永兴陵以及辽道宗耶律弘基和宣懿皇后的永福陵的总称。依山南麓东西排列,间距约2千米,按照方位,又被依次称为东陵、中陵和西陵。三陵均有陵门、享殿和神道,面朝东南,遗迹多残毁。中陵享殿西南方残存石刻陀罗尼经幢1座。地宫均有前、中、后室,前室和后室又各在两侧设共计4个耳室。各室平面呈圆形,顶部隆起呈半球状,用沟纹砖和石灰浆砌筑,四壁用砖三层,顶用二层。内壁抹石灰,再彩绘壁画。其中东陵保存较好,前室平面方形,其余各室呈圆形,各室间有长甬道相连。地宫全长21.2米,最宽15.5米,最高约6.5米,曾出土有枋、椽、斗栱等小木作结构,但原有结构情况不明。中陵和西陵均已遭毁,地宫多为八角形,前室呈十字通道状。

三陵自墓道至墓室均有壁画,现仅东陵保存了摹本和照片资料,内容有装饰图案、人物和山水等,包括鞍马、侍卫、乐队、臣僚以及春夏秋冬四季景物。墓门及墓内砖砌仿木结构上饰红、绿彩,墓门上鸱吻饰黄褐彩。仿木结构细部及墓壁上方工笔彩绘龙凤、花鸟、祥云、宝珠以及网格状图案,是已发现的辽墓中等级最高的。在墓道、前室及其东西侧室、中室和各甬道壁面上,发现彩绘与真人等高的人物俑70余个:墓道两壁为15个戴圆帽、穿圆领窄袖长衫、执骨朵(一种兵器,木棒或铁棒顶端缀一簇藜形的头)的仪卫和1匹备有鞍鞯的马。前室南甬道与中室南甬道绘有同样的仪卫。前室前半部分两壁各绘6人乐队,均戴有脚幞头、穿黑袍。其余40个人物大多是男像,多数髡发,少数戴圆帽,均着圆窄袖衫,腰围革带,拱手或叉手侍立。人像上方都墨书契丹小字榜题。最有特色的壁画,是中室四壁所绘的四季风光山水画,构图严谨,鸟兽形象生动,应是描绘辽皇室四时捺钵之所的景色。从墓室的形制和壁画的内容看,辽代的帝陵应是象征当时以牙帐为居处的捺钵行宫。

内蒙古吐尔基辽代墓葬出土的彩绘漆棺

庆陵三陵早年均遭盗掘,出

土遗物多已散佚,仅存部分石刻哀册,有汉文哀册5盒、契丹小字哀册2盒和榜题,是迄今发现最早的契丹小字资料。它们首次证实了契丹文的存在,具有很高的学术价值。

辽代贵族墓葬以赤峰的辽驸马墓和北京的齐王赵德钧墓等为代表。这两处墓葬都有前、中、后三室,并多设耳室,显示了"多室"的特点。

辽代贵族墓中的随葬品,除了金银器、陶瓷器及铁器等各种生活用具以外,还有大量的马具、盔甲、各种武器以及金属面具和铜丝手足套等物。陶瓷器中的鸡冠壶,亦为辽墓中所特有。到了中期,马具和兵器逐渐减少,鸡冠壶的形态亦由皮囊状演变为提梁式的圈足器。晚期辽墓一般已不用兵器随葬,马具也大为简化,而鸡冠壶则已消失。大约从早期的后半开始,辽墓中往往有汉文或契丹文的石墓志,形状与唐宋时期的相似。

西夏陵墓

西夏自公元1038年赵元昊称帝建都兴庆(今宁夏银川),至1227年被元太祖成吉思汗所灭,共传10帝,历190年。史籍中记载西夏王陵中有陵号的共九个。其中前两个——李继迁的裕陵和李德明的嘉陵是追尊的;以下七陵分别是元昊的泰陵、谅祚的安陵、秉常的献陵、乾顺的显陵、仁孝的寿陵、纯祐的庄陵、安全的康陵;最后三代——神宗、献宗、南平王,均死于1223—1227年西夏败亡之际,其陵号无考。中华人民共和国成立后,宁夏文物部门曾对西夏王陵作了比较详细的调查,并发掘了帝陵一座、陪葬墓四座、碑亭四座。

西夏王陵在元昊的祖父李继迁时就开始营造。陵区位于宁夏回族自治区银川市西25千米处的贺兰山东麓冲积扇的缓坡地带,背风向阳,高朗开阔。整个陵区坐北向南,东西宽4千米,南北长11千米,共有王陵9座、陪葬墓193座。根据位置、排列与陵区地形,可分为四个区。第一区在南部,包括两个王陵,相距约30米。这两个陵的鹊台和南神门之间东侧多建一个小台,可能是一种特殊标志,很可能与后追封的李继迁和李德明陵有关。第二区在第一区北约3.5千米,包括两个王陵,东西相距2千米。东侧的陵园较大,别具一格,而且位居陵区中心,显示了墓主地位及所处时代的特殊,应该是元昊的泰陵。第三区在第二区北约2千米,两个王陵东西并列,相距约1千米。

西夏王陵

其中已发掘的西侧 6 号王陵，推断是李乾顺的显陵。第四区在陵区北部，距第三区约 2 千米，三个王陵排列呈品字形，相距 50 米左右。南面的 2 号陵碑亭经过清理，出土汉文残碑石 511 块，西夏文残碑石 1265 块，复原西夏文篆体碑额一块，释文为"大白上国护城圣德至懿皇帝寿陵志文"，证明是第五代皇帝李仁孝的寿陵。结合诸陵所在位置分析，其排列顺序深受宋代昭穆制度影响，基本上采取由南向北、左昭右穆的"贯鱼"形式。

陵区北端有一处大型建筑遗址，坐北朝南，平面近长方形，南北长 290 米，东西宽 170 米，由围墙、门厅、殿堂、厢房、夹屋、行廊等组成三进院落，可能是西夏宗庙所在。

西夏集中建设陵区，陵墓四周筑围墙，每面各辟一门，以及陵园建筑沿中轴线左右对称布置，墓道作斜坡式，玄宫为土洞穹窿顶等特点，显然深受唐宋埋葬制度的影响。同时可以看到西夏陵与北宋诸陵不同的自身特点：陵园内无陪葬的后陵，无下宫，陵园设二重城墙，内城平面长方形，内城前加月城，地宫偏处内城西北部，建塔式陵台等。这些对了解西夏文化与汉文化的关系都有着重要的意义。

第四章 隋唐宋元时期的陵墓

九座陵园形制布局基本相同，平面呈纵向长方形，每座面积均在 10 万平方米以上。陵园最南为双阙，东西相对，间距约 70 米。阙台呈方形，每边长 9 米，残高约 7 米，台上原建楼阁。阙台北为碑亭，亭北为月城、内城，两城相连，平面呈倒凸字形。月城内神道两侧置石象生。内城呈方形或长方形，每面正中辟一门，四角置角楼，南门内偏西为献殿。陵台在内城西北部。六号陵内城南北长 183 米，东西宽 134 米。有的陵内城外又有一重外城。外城形制有两种：一种为封闭式，如最南面的 1 号陵；另一种为开口式，无南墙，如三区西部的 6 号陵。城墙多为分段夯筑，每段长 5 米左右，有的用石块垒砌。陵园最外一周四角有四个夯土角台，可能用以标示兆域范围。

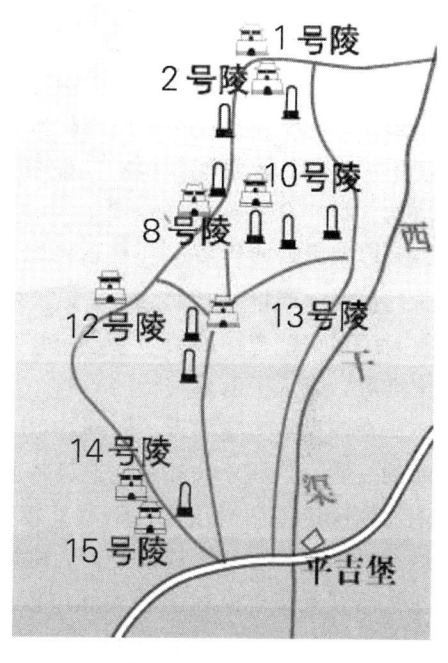

西夏王陵分布图（部分）

陵台呈塔式，平面为八角形或圆形，高约 20 米，分为五级、七级或九级。原来每级出檐、上覆瓦件。陵台前为鱼脊状的墓道封土。已发掘的 6 号陵，地宫在陵台前 18 米，距地表深 18 米。主室为横长方形穹窿顶土洞，长 7.8 米，宽 5.6 米，两侧各有一个耳室，地表墁砖。甬道两壁绘武士像，前有斜坡墓道。

陵台、内城、神墙以及双阙外表均涂饰含赭石的朱红细泥。每座陵园地面散布有大量砖瓦和琉璃构件残块。琉璃有黄绿和深蓝两种，其中一件绿色琉璃鸱吻残件复原高达 1.52 米。从此可以想见，当时陵园建筑的宏伟之状。

从 1972 年开始，考古工作者重点调查并发掘了 8 号陵。8 号陵在陵园正南立双阙、阙间辟神道。双阙以北神道两侧各立一座碑亭，碑亭北为外神墙、月城和内城。月城内沿神道两侧立石象生。内城平面长方形，东西长 183 米，南北宽 134 米，四角建角楼，四面正中各开一门。南门有三个门洞，门内为献殿。地宫在内城西北隅，地面上有平面为八角形的塔式灵台，从残留的七级夯土台基来推测，原应是一座八角形塔式建筑。在陵园最外一周的四角各建了一个角台。

8号陵的地宫基本形制与汉族地区汉唐时期流行的土洞墓大体相同，主室呈扁长方形，南北长5.6米，东西宽6.8～7.8米。前有甬道，甬道壁上画有武士等壁画，主室两侧各有一配室。由于早年遭破坏盗掘，地宫的结构已不清楚，在残存的底部仅发现了一些残缺的金银饰件、铜甲片、铁器和陶瓷片等。根据碑石残块所记的材料推测，此陵可能是西夏第八代皇帝遵顼陵，葬于西夏乾定四年（1226年）。该陵斜坡墓道底铺设横木，甬道口用原木和木板封闭，墓壁有护墙板。多层宝塔式灵台位于墓室后部地上，实际不同于封土堆等，显示了西夏独特的葬制。

在西夏各王陵附近，罗列着70余座陪葬墓。一般王陵多居于近山地势较高的一侧，陪葬墓大都是在地势较低的东侧，规模小，形制简单，仅有南门。南北两区诸陵靠得很紧，陪葬墓较少；中区诸陵相距较远，陪葬墓较多。陵区北部偏东，有一个规模较大的建筑遗址，很可能是陵区管理机构所在地。

陪葬墓按规模和形制大体可以分为两类：一类规模较大，与帝陵形制近似，有坟丘、内外城、月城、门楼、双碑亭，只有个别有献殿，但一般没有角台和阙。另一类较小，只有一城，没有外神墙，有的加月城，有的南门有照壁，碑亭也只一座，位于门外东侧。灵台有圆丘式、圆柱式、圆锥式、三级圆墩式，封土皆为木骨架夯筑。坟丘有墓室，都为方形穹窿顶土洞。有的墓园内还有两三个从葬墓。陪葬墓制度体现了西夏的封建宗法关系和等级制度。已发掘的3座陪葬墓墓道呈阶梯或斜坡形，土洞单室，墓门用木板封闭，随葬品中有铜牛、石马、石狗、丝织品等。第101号墓是11世纪中叶一名显赫贵族的墓葬，墓内共葬1男3女，这种夫妻同穴合葬的情况在西夏墓中尚属首次发现，证明党项族确实实行着一夫多妻制。该墓出土的鎏金铜牛重达188千克，长1.2米，高0.45米，体现了当时高超的铸造技艺。还有一件重355千克的石马，造型生动，是难得一见的雕刻精品。

蒙古灭西夏后，陵区地面建筑全部被毁，大部陵墓被破坏，文物遗存仅尚见大量建筑材料、石象生、碑亭等。墓葬早年均被破坏盗掘，所存随葬品极少。

除宁夏的王陵之外，甘肃武威还发现有西夏纪年的汉人火葬墓，骨灰葬在小木塔中，塔身上写满梵文咒语，墓壁下有男女侍者和武士的版画以代替壁画，为中原地区所未见的。

第四章 隋唐宋元时期的陵墓

金代陵墓

知识链接

金代疆域

金国全盛时代的统治范围为：东北到日本海、黑龙江流域一带；西北到河套地区；西边接壤西夏；南边以秦岭到淮河一线与南宋交界。

金代的墓葬，一方面是受辽墓的影响，而更多的则是继承北宋的墓制。

吉林舒兰小城子一带是包括完颜希尹墓在内的金代早期贵族墓地。整个墓地占地13万平方米，绵延近4千米，共分5个墓区。墓前多有石雕的文臣

河南博物馆藏金代墓葬砖雕——妇人启门

武将、石虎石羊等，可以看出宋代统治阶级埋葬风习对女真贵族的影响。扶余发现的墓葬占地广阔，象生布列，随葬大量铁工具，使我们对金代早期女真贵族的葬制可以有个具体的了解。墓中出土的镂花金帽顶和磨制精细的金扣白玉带，代表了金朝初年相当精湛的工艺水平。

　　河北省新城的时立爱墓和兴隆的萧仲恭墓，其年代基本上属金代前期。由于墓主人的爵位较高，所以都系多室的砖墓。墓室内有仿木建筑结构，形绘壁画。时立爱墓的主室为八角形，前室两侧所附耳室为圆形，在形制上与辽墓有相似之处。萧仲恭的墓志则用契丹文书写。

　　分布在华北南部和中原地区的金代后期地主阶级墓，主要是单室砖墓，平面多为方形或八角形，也有圆形的，从墓门到墓室内大量使用仿木建筑结构。有的墓里绘有开芳宴、放牧、捣练等题材的壁画，而大多数的墓则是大量使用雕砖，表现出门楼、格子门、棂窗、桌椅、屏风、灯、盆花之类，有的还有"镇宅狮子"，使得墓室对现实生活中居室的模仿达到了无以复加的程度。雕砖的内容还包括开芳宴中的墓主人夫妇、侍童、厨役、伎乐以至舞台上的杂剧演员等人物，也有"掩门妇女"。这显然是北宋后期在中原和华北南部地区流行的仿木建筑结构砖室墓的进一步发展。

　　大定（1161—1189年）以后的金代墓葬发现较多，其中圆形或方形单室砖墓，多仿木建筑，彩绘有建筑细部及日用家具，随葬物多为明器，如内蒙古宁城大明城西城外及小榆树林子金墓、巴林左旗砖室墓等。黑龙江绥滨、吉林镇赉的平民墓葬，用羊距骨、羊肢骨和桦皮箭筒随葬，尚保持着地方民族习俗。

　　1973年在黑龙江畔发掘绥滨中兴金代墓群时，出土了较多的金银器、玉器、丝织品、铜钱、铁器等，其中精美的丝织品和名窑瓷器（定、耀、磁）可以肯定为中原产品；"飞天玉雕"也是受中原地区佛教艺术影响的作品，特别是墓中出土的一枚带有汉字"郎"的私人石印。"郎"是女真人女奚烈氏改的汉姓，可见女真人改汉姓不只限于进入中原的人，就连其故乡黑龙江流域也出现改用汉姓的情况。中原和北方的金墓在不同的地区也各有特点。北京、河北地区的金墓，正隆以前的都是土葬，大定以后普遍实行火葬，不时会有精美瓷器出土。河北新城时立爱父子墓和井陉柿庄6号墓均为金代初年壁画墓，都是多室砖墓，墓室内有仿木建筑结构及彩绘。山西地区的金代墓葬注重营造墓室，流行雕砖墓，仿木结构及墓壁装饰基本上与北宋后期者相

第四章 隋唐宋元时期的陵墓

山西发现的金代仿木结构砖室墓

同，随葬品较少。

金代仿木结构砖室墓一般都在多边形墓室转角处砌有角柱、枋额和单抄四铺作斗栱，并施以转角铺作和补间铺作，有的则为复杂的单抄单下昂五铺作计心造斗栱，有的在仿木结构部分施以彩画。墓顶多呈八角叠涩攒尖顶，山西侯马董氏墓则利用转角铺作和补间铺作的手法将墓室顶部砌成八角形。

金代浮雕石室墓数量不多，砖室墓较为普遍，并且盛行雕砖。其手法不同于南北朝的模制，而是以汉画像石式直接雕为浮雕。其内容主要是表现墓主人的日常生活，特别是墓主人夫妇举行"开芳宴"的场面，有时也有孝悌故事图等。在有些北宋末年墓中，还出现了杂剧雕砖；墓室的后壁则往往有"妇女启门"雕砖。

元代的墓葬

按照蒙古族的习俗，大汗、诸王和其他亲贵下葬后，先用几百匹战马将墓上的地表踏平，再在上面种草植树，而后派人长期守陵，一直到地表不露

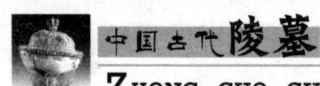

任何痕迹方可离开。因此，直到现在尚未发现蒙元大汗的陵墓。

　　内蒙古地区发现的蒙元时期墓葬，分布区域广，涉及的民族、部落和宗教信仰极为复杂。考古发现的纪年遗物较少，而且墓葬发掘材料庞杂，加之族别和宗教信仰复杂，多数难以确定墓葬的确切年代、族属。

　　长城以南元代普通墓葬主要发现于北方地区，以山西最多，陕西、辽宁、河北、山东也有；南方目前只有福建、江苏、四川有零星发现。

　　南方的元墓沿袭南宋后期风格，葬制、葬俗终元一代并无显著的变化，多为简单的长方形砖室墓，双室并列，分葬夫妇。随葬品的种类与南宋相比也没有明显的变化，随葬品数量的多寡往往也和墓主人生前的社会地位、经济实力有关。稍有不同的是，许多墓里使用石灰、米汁、木炭等用来加固墓室、防护棺椁，并在墓底铺松香之类，以利于尸体的长久保存。

　　元代砖室墓中的仿木建筑结构日趋简化，接近尾声，有些已纯粹变成示意性的了。元墓中的砖雕壁画也处于历史上的衰落时期，但在个别地区如山东依然兴盛并一直影响到明代，山西省南部地区墓内雕砖内容多为孝子故事或花卉之类。元代墓葬壁画的题材，大体可分为建筑题材、墓主像、备侍图、出行归来图、乐舞杂剧图、孝义故事图、闲居图、放牧图、山水字画图、物质财富、启门图、守门者、自然天象、吉祥寓意、民间信仰、装饰纹带等16种，题材的主要含义与祭享有关。在内容与布局上，这些壁画既继承了宋辽金时期的遗风，又发展了蒙古族的特点，同时也有各地的不同特色。比如山西中部地区元墓内装饰以壁画为主，题材仍多为"开芳宴"，但突出了墓主人的形象而省略了伎乐的场面。

第五章

明清时期的陵墓

　　明清时代墓葬吸收了我国东南地区古代风水学说的布局,在墓场的营造中糅进了古风民情,崇尚古人"生事之以礼,死葬之以礼,祭之以礼,是人生孺慕之诚"的风气。但明清时期盛行薄葬,陪葬品很少,一般以装饰物如玉器、金银器为主。

　　明清时期的墓志铭有不少出自著名艺术家、书法家、文学家、史学家之手。

　　明代一般官僚地主阶级的砖室墓采取密封棺材,防腐措施又有发展,所以有的墓不仅尸体完好,而且衣冠服饰以及书籍、字画等易朽物品也保存良好。

第一节
明代陵墓

本节介绍的明清陵墓以两代帝陵为主,普通墓葬不再过多涉及。

朱元璋称帝后第二年,下诏在江苏泗州为其祖父修建"祖陵",在安徽凤阳为其父母修建"皇陵"。自太祖朱元璋至思宗崇祯明亡共历16帝,其中第二代皇帝朱允炆在与成祖朱棣争夺皇位的内战中下落不明;第七个皇帝代宗朱祁钰由于前代皇帝英宗朱祁镇复辟,死后以王礼葬于北京西郊金山,后虽复帝号并经扩建,但规模仍小于其他陵;其他各帝共建陵园14座。

太祖朱元璋孝陵在南京市东郊紫金山南麓,其余13座帝陵均在今北京市昌平县东北10千米的天寿山南麓,统称"明十三陵"。

明代各陵规模大小不一,但布局形制大致相同。朱元璋的孝陵和朱棣的长陵,因为一是祖陵,另一是北京的首陵,规模都较大。其后各陵,凡是皇帝生前亲自督理修造的陵,都比较高大、讲究;死后由子孙办理修筑的,则规模较小,也较草率。思宗朱由检竟然葬于田贵妃墓中,规模最小。

明代各陵园附近设有神宫监,掌管祭祀等事务。各陵还设卫,以驻军保卫陵寝。今天南京中山门外有孝陵卫镇,北京昌平县城内有长陵卫、献陵卫、景陵卫等胡同。据沈国元《两朝从信录》载,嘉靖二十九年(1550年)在昌平州"以四千人立永安营,三千人立巩华营,无事在州教场操演,有警赴各隘口把截",可见当时陵寝的防卫是多么森严。

明代初期葬制规定,每陵葬一帝一后;无子女的嫔妃大都殉葬从死,多葬于长陵东南、西南,称为东、西井。自英宗正统以后,多数陵墓为一帝二后或一帝三后,宫妃从死殉葬的制度被废除,但仍要以若干宫女、太监殉葬;

宫妃死后多葬于北京市西郊金山一带。这种制度从侧面反映了明代统治者政治上的专制和残暴。

姓名	庙号	谥号	年号及在位时间	陵墓
朱元璋	太祖	高皇帝	洪武（1368—1398年）	孝陵
朱允炆	惠宗	让皇帝	建文（1399—1402年）	
朱棣	成祖	文皇帝	永乐（1403—1424年）	长陵
朱高炽	仁宗	昭皇帝	洪熙（1424—1425年）	献陵
朱瞻基	宣宗	章皇帝	宣德（1426—1435年）	景陵
朱祁镇	英宗	睿皇帝	正统（1436—1449年） 天顺（1457—1464年） 注：1449年3月被俘退位，1457年1月复位。	裕陵
朱祁钰	代宗	景皇帝	景泰（1450—1457年）	景泰陵（后抬升）
朱见深	宪宗	纯皇帝	成化（1465—1487年）	茂陵
朱祐樘	孝宗	敬皇帝	弘治（1488—1505年）	泰陵
朱厚照	武宗	毅皇帝	正德（1506—1521年）	康陵
朱厚熜	世宗	肃皇帝	嘉靖（1522—1566年）	永陵
朱载垕	穆宗	庄皇帝	隆庆（1567—1572年）	昭陵
朱翊钧	神宗	显皇帝	万历（1573—1620年）	定陵
朱常洛	光宗	贞皇帝	泰昌（1620年） 实际在位一个月	庆陵
朱由校	熹宗	悊皇帝	天启（1621—1627年）	德陵
朱由检	毅宗	烈皇帝	崇祯（1628—1644年）	思陵

明孝陵

明太祖孝陵位于南京紫金山独龙阜玩珠峰下，背依群峰，面对平原，泉壑幽深，林木葱郁。整个陵园坐北朝南，分为前后两部分。前部为陵园大门、

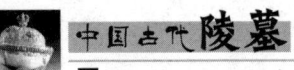

神道，后部为陵寝、地宫。由陵门两侧随地势修筑垣墙环绕，各山口设关，置敌楼，派兵把守。陵园建筑历经破坏，已残缺不全，但多数遗迹尚存。

　　根据记载，孝陵陵园周长约22.5千米。陵区正门叫大金门，门前有"下马坊"和崇祯皇帝竖立的"禁约碑"。坊上刻"诸司官员下马"六个大字，表示这里是陵园的入口处，大小官员在此必须下马步行。"禁约碑"碑文数百字，重申严格保护孝陵的条例。由下马坊北至陵丘总长约2.6千米。大金门门楼已毁，仅存三个门洞。门后为神道，呈弧形，半抱一座小山，一名梅山，总长约1千米。神道南端有"大明孝陵神功圣德碑"亭，亭顶早毁，仅存围墙和门洞。碑通高8.87米，为一块完整巨石制成。碑文工笔楷书，长达2700多字，由明成祖朱棣撰文，历述明太祖一生功绩。神道向西北行，两侧立石象生12对，造型均为两立、两蹲，其中象和骆驼最为高大。神道北拐，两侧立华表一对。华表圆柱形，高6.25米，色白如玉，缠柱镂刻云龙纹。再北为两对武将和两对文臣，各有一对年轻无须者和一对年老有须者。武将身穿甲胄，手执金吾，腰佩宝剑；文臣头戴朝冠，手持朝笏。这些石刻均是明初石雕艺术的代表之作。再前为棂星门，门已坍毁，现仅存六个石雕的柱础。经

明孝陵神道

棂星门，绕梅花山北麓，有御河桥。

神道曲折蜿蜒，并以一座山作为屏障，此为前代陵墓所未见，但为后来清东陵和清西陵沿用。这种做法可使神道延长，给人以神秘幽深的感觉。由御河桥往北缓坡而上，建筑物沿正南北轴线排列。进陵门拾级而上，有棱恩殿的石砌残基。其北为方城，下部有拱形隧道，上部原建明楼，早年已毁，现经整修。方城后面是直径约400米的圆形封土坟丘，称为宝顶。周围砖砌垣墙，称为宝城。

十三陵

十三陵位于北京昌平天寿山南麓，整个陵区背山面水，诸山环抱，溪水夹绕。东、西、北三面群峰耸立，南面温榆河蜿蜒流过，山清水秀，景色壮丽。十三陵以长陵为中心左右排列，形成相对集中的陵区。出于总体布局上的考虑，各陵的方向虽总体朝南偏转，但有许多基本朝向向东或向西的，这也成为明代陵寝制度的一个显著特点。

明十三陵四周沿山以片石或卵石砌筑围墙，山口处建有关隘，周围约34千米。陵区正门名曰大红门，居两山之中，东名蟒山，象征青龙；西名虎峪山，象征白虎；两山分列左右，守卫陵寝大门。门前有一座高大的石牌坊和下马碑。牌坊为五间六柱庑殿顶，通宽约34米，高约11米，全部用汉白玉石雕成。托脚浮雕云龙，上立圆雕卧兽。大红门为单檐歇山顶建筑，下部有三条券洞，全部是砖石结构，红墙黄瓦，十分雄伟庄严。

大红门后为总神道，直达长陵，长约6千米。南端有"大明长陵神功圣德碑"亭，亭为方形楼阁式，重檐歇山顶，四面有门洞。碑高6.5米，下为巨大龟趺座。碑文长达3000余字，由仁宗朱高炽撰写，记述明成祖一生经历。碑的背面刻清代乾隆皇帝"哀明陵三十韵"诗，两侧还刻有乾隆、嘉庆时修复明陵的记载。碑亭外四角各立白色石华

十三陵鸟瞰图

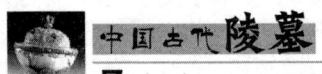

表一座，上雕云龙纹。碑亭以北长约800米的神道两侧仿照孝陵立石象生。共有狮子、獬豸、骆驼、象、麒麟、马各四个，皆两卧两立；文臣武臣各四个，另增加了四名勋臣。石刻都用整块白色石材雕成，形象生动。神道北为华表石柱组成的三门牌楼式棂星门。再北过温榆河上的七孔御河桥，便可直达长陵。属于长陵的这条神道，由于以后各陵都建在长陵两侧，并设支道与其相通，而且各支道均不再设石象生，因此实际上为各陵所共有。这是十三陵陵园建筑的特点之一。

　　十三陵虽是一个统一的陵区，但各陵都建在一个小山下面，自成一个独立的陵园。陵园建筑形式大同小异，基本上沿袭明孝陵的形制。每个陵的外面都建有围墙，南面设宫门，大部门前竖无字石碑。明代初年，在为皇陵立碑时，由翰林侍讲学士危素撰文，朱元璋看后不满意，说："皇陵碑记皆儒生粉饰之文，恐不足为后世子孙戒。"于是亲自撰文，记述其卑微的出身及艰难

十三陵神道

的成长经历。此后由嗣皇帝撰写碑文成为祖制。据明《世宗实录》记载，十三陵中的长、献、景、裕、茂、泰、康等前七陵到嘉靖十五年（1536年）才开始建亭立碑。建成后，当时的礼部尚书严嵩请世宗撰写碑文，结果没有写，就空了下来。考察明代历史，仅太祖和成祖两代有创业和定业之功，而孝陵与长陵神道前已有"神功圣德碑"记述功绩。其他各帝均无特别建树，特别是明中期以后政治腐败，皇帝荒淫无度，更是无功可录，让它空着比刻文更能掩盖其无能和腐败，更具有欺骗性。

宫门内是祾恩门，有的三间，有的五间。祾恩门内为主体建筑祾恩殿，是帝后和官员祭祾行礼的地方，相当于唐宋陵前的献殿。祾恩殿面阔七间或九间，两厢多建有廊庑。殿后有牌楼门、石五供（香炉一个、烛台两个、花瓶两个）。明陵最大的特点是坟丘不呈方形而呈圆形，周围砌砖墙，称为宝城，其位置不在陵域的中部而居全陵的最后。宝城前部建明楼，明楼为方形高楼，重檐歇山顶，檐下嵌傍书陵名，楼上树石碑，上刻皇帝的谥号。宝城下面为玄宫（地宫），其形制亦系模仿宫殿。这些都是明陵的新创。玄宫可分前殿、中殿和后殿，中殿的左右两侧又各通一配殿。皇帝和皇后的棺椁放置在后殿的棺床上。

各陵园中以长陵最大，保存最好。长陵祾恩殿坐落在三层汉白玉台基上。每层都有栏杆围绕，栏板上浮雕云龙花纹。大殿面阔九间，进深五间，重檐庑殿顶，总面积近2000平方米，全部用楠木建成。殿内有32根直径在1米以上的本色大柱，中间4根为独木，高达14.3米。这样宏大的楠木结构，而且历经500多年，仍完整无损，在全国也属绝无仅有。

3. 定陵

定陵是神宗朱翊钧（万历）和皇后的合葬陵，基本仿照嘉靖的永陵建造，并且更为豪华。1956—1958年，考古工作者对定陵地宫进行了科学考古发掘。

玄宫前面有砖隧道、石隧道和封门的金刚墙，深距墓顶约33米。玄宫由前殿、中殿、后殿与左右殿连接组成，连同甬道通长87.34米，最宽47.28米，高7.2~9.5米，总面积1195平方米。全部用石材起券构筑，各殿之间有甬道相通。前、中、后三殿之间有石券门，上面雕出额枋、檐瓦等，门上横梁（管扇）为铜铸，内设汉白玉双扇石门。门高3.3米，每扇宽1.7米，面上雕刻九排门钉和铺首衔环。石门设计合理，靠门轴一面较厚，靠门边较薄，虽然每扇门重达2吨，但开关仍较轻便。各门内均有自来石顶门。前殿和中殿地面铺砌方形澄浆砖（俗称金砖），后殿和两配殿铺砌花斑石。

地宫中殿设汉白玉石雕供案三座，放置成品字形。供案的靠背和两侧扶手雕龙纹或凤纹，四周浮雕云纹。案前设黄琉璃五供，前置青花云龙纹大瓷缸一口。缸内装着香油、灯芯，称为长明灯，灯芯上端有烧过的痕迹。后殿

定陵地宫

是放置伴宫（棺）的主要建筑，比其他各殿更加高大、宽敞。正面有汉白玉砌成的棺床，下部须弥座上雕饰仰覆莲，面上铺磨光花斑石。棺床上放置棺椁三具，各一棺一椁。中间的棺较大，是万历的灵柩，上面有丝织铭旌，金书"大行皇帝梓宫"六字。死者仅剩一具骸骨，按骨骼分析，身材不高，背微驼，腿稍跛，可谓其貌不扬。左右两侧的棺略小，左边为孝端皇后，右边为孝靖皇后。棺均为楠木制作，外被朱漆，椁用松木做成。棺椁外有26具红漆木箱和谥册、宝印，箱内藏随葬器物。左右配殿也各有棺床，但无棺椁和器物。

定陵出土的随葬品非常丰富，有木质和锡质明器等葬仪用具，帝后冠服、织锦匹料、金器、玉器、铜器、瓷器、谥册、谥宝、墓志、金元宝、银元宝等各类用品2000余件，种类繁多，制作精巧，许多都是稀世珍品。皇帝用的翼善冠，用细金丝编成，上饰双龙戏珠，十分精致。皇后用的凤冠，由金丝和翠鸟羽毛编织成龙、凤、花树、翠云，每顶镶珍珠5000多颗、宝石100多块，五彩缤纷，光彩夺目。织锦匹料多呈卷状，中部加腰封，书写名称、尺寸、制造时间、地点和匠作姓名等。明代的织锦曾大放异彩，但遗存实物很少。这批出土的织锦，为研究明代纺织技术和工艺提供了极其珍贵的实物。

第二节 清代墓葬

满族兴起于东北并建立政权,几个帝王和祖先的陵墓都建在今辽宁省境内,统称"清初三陵"、"盛京三陵"或"关外三陵"。1644年入关以后,共有10帝,除末代皇帝宣统外,其他9个皇帝的陵墓分别建在河北省遵化县和易县。由于两处陵东西各距京师100多千米,故称"清东陵"和"清西陵"。

我国历代大多实行"子随父葬,祖辈衍继"的埋葬制度,从商代后期至明代帝王陵墓都相对地集中在一个区域内。但清代帝陵却例外地分成了东西两个陵区。清东陵陵址是顺治皇帝狩猎时亲自选定的,康熙二年(1663年)始建于昌瑞山下,名孝陵。后来康熙帝按照子随父葬的昭穆制度,葬在孝陵之东。雍正时,在易县另建陵域。但其子乾隆皇帝仍选址于东陵,并规定以后父子不葬一地,相间在东西两陵区选址建陵。但实际上到了他的孙子道光皇帝又违背祖训,这种维持了几千年的昭穆制度终于被打破了。

姓名	庙号	谥号	年号	在位时间	皇陵	陵区
爱新觉罗·努尔哈赤	清太祖	高皇帝	天命	1616—1626年	福陵	关外东陵
爱新觉罗·皇太极	清太宗	文皇帝	天聪崇德	1626—1643年	昭陵	关外北陵
爱新觉罗·福临	清世祖	章皇帝	顺治	1643—1661年	孝陵	东陵
爱新觉罗·玄烨	清圣祖	仁皇帝	康熙	1661—1722年	景陵	东陵
爱新觉罗·胤禛	清世宗	宪皇帝	雍正	1722—1735年	泰陵	西陵
爱新觉罗·弘历	清高宗	纯皇帝	乾隆	1735—1795年	裕陵	东陵

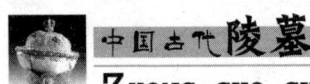

姓名	庙号	谥号	年号	在位时间	皇陵	陵区
爱新觉罗·颙琰	清仁宗	睿皇帝	嘉庆	1796—1820 年	昌陵	西陵
爱新觉罗·旻宁	清宣宗	成皇帝	道光	1820—1850 年	慕陵	西陵
爱新觉罗·奕詝	清文宗	显皇帝	咸丰	1850—1861 年	定陵	东陵
爱新觉罗·载淳	清穆宗	毅皇帝	同治	1861—1875 年	惠陵	东陵
爱新觉罗·载湉	清德宗	景皇帝	光绪	1875—1908 年	崇陵	西陵
爱新觉罗·溥仪	无	无	宣统	1908—1912 年		

关外三陵

清初三陵中，清远祖的永陵位于新宾县境内，努尔哈赤福陵位于沈阳市东郊，故现在又称"沈阳东陵"；皇太极的昭陵位于沈阳市北郊，今又称"沈阳北陵"。这三个陵几经增修，仍然保存了原来的风格。它们在建筑上继承吸收了中原地区的传统风格技法，在整体上又突出地将陵区的自然风貌和东北

皇太极昭陵（沈阳北陵）

地区城堡式建筑布局相结合，外观和雕饰上与明清官式建筑也有不同，形成了自身独特的风格。

三陵陵区皆背山面河，周围林木葱郁，形壮雄伟，幽静肃穆，风景宜人。三陵陵园大小结构略有不同，但总体形制一致：均坐北向南，平面为长方形，周围绕以砖砌缭墙。永陵较小，仅 1.2 万平方米；福陵、昭陵较大，占地近 20 万平方米。陵园由前院、方城和宝城三部分组成。前院南墙正中为正红门，黄琉璃瓦硬山顶，面阔三间。门前两侧分列石狮、石牌坊、石华表和下马碑。门内砖铺神道，两侧立华表和石象生。昭陵石象生排列成梯形，利用透视错觉增加长度感。神道尽头建碑亭，内立"神功圣德碑"。院内东西两侧有茶膳房、齐班房、涤器房和省牲亭等。方城为城堡式，四角设角楼，南墙正中为隆恩门，上建重檐黄琉璃瓦歇山顶门楼。方城正中为隆恩殿，面阔三间。两侧有配殿，殿后有石柱门、石五供。北墙正中为券门，上建重檐歇山顶明楼，内立皇帝庙号谥号石碑。宝城平面呈圆形，地宫在宝城中间的宝顶下。

清东陵与清西陵

清东陵位于河北省遵化县西北马兰峪的昌瑞山南麓。整个陵区共占地 80 平方千米，分为前圈和后龙两部分：前圈是陵园建筑区，占地约 48 平方千米；后龙为依山的绿化区。陵区内有帝陵五座；后陵四座，妃陵五座。陵区外还有王爷、皇太子、公主等园寝，共埋葬帝、后、妃、王、公主等 160 余人。整体布局以世祖顺治的孝陵为中心，东边是圣祖康熙的景陵和穆宗同治的惠陵，西边是高宗乾隆的裕陵和文宗咸丰的定陵。

清西陵位于河北省易县城西永宁山下。陵区面积 225 平方千米，有帝陵四座，后陵五座，妃陵三座，王、公主园寝四座，共埋葬帝、后、妃、王、公主等 76 人。整体布局以世宗雍正的泰陵为中心，西边有仁宗嘉庆的昌陵、宣宗道光的慕陵，东边有德宗光绪的崇陵。西陵分布不如东陵整齐集中，陵间有小路相通。建筑大部分保存完好，共存殿房千余间。

清代改变了明代的墓葬制度，在每座帝陵附近一般都另建皇后陵寝和妃殡园寝，形制与帝陵基本相同，但规格相应降低。帝、后陵寝以黄色琉璃瓦盖顶，妃、王园寝用绿色琉璃瓦盖顶，规模也相应较小。

东陵和西陵的布局和规制仿照明十三陵的建制，皆背山临水、坐北朝南。

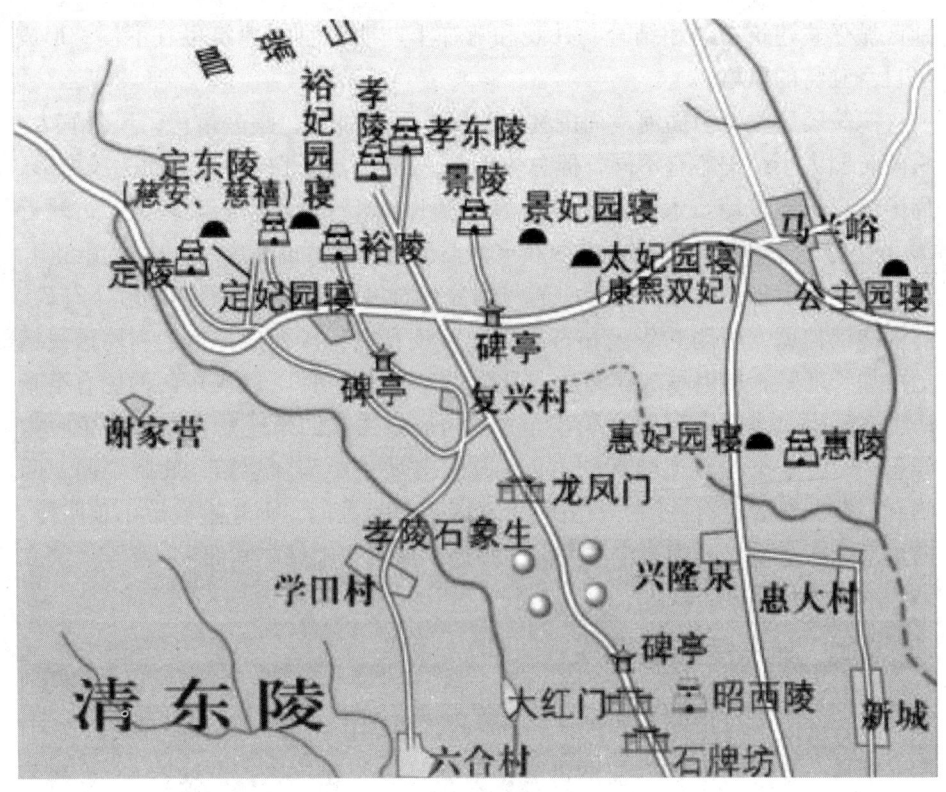

清东陵全图

陵区分为前后两个部分：前面为陵区的陵门和总神道，以及各陵的支神道；后面为陵园。另外，陵区建有行宫和喇嘛庙，为皇族祭陵时居住的地方和拜佛的场所。西陵陵区光绪年间从高碑店至梁各庄修筑了一条窄轨铁路，供帝后谒陵时专用。

陵门总神道上布列各种建筑物，从前到后为：石牌坊、大红门、大碑楼、石象生、龙凤门、神路桥、神道碑亭。神道路面砌条石和巨砖，分左、中、右三道：南端为大红门，东陵神道长约5千米，西陵神道长约2.5千米。大红门是主陵的大门，也是陵区的大门，砖石砌筑，单檐庑殿顶。门前的石牌坊为五门六柱单檐庑殿顶的石结构建筑。西陵石牌坊前设一座单路五孔桥，造型优美。门内东侧有更衣殿，为当时祭陵人换衣之所。迎面为重檐九脊的圣德神功碑楼，楼内立两通高大石碑，碑身为整块巨石雕成，重达数万斤。碑上分别用满汉两种文字铭刻主陵皇帝一生的功绩。碑楼外四隅各竖华表一个。神道绕过"影壁山"（西陵名蜘蛛山），再北为龙凤门、三路三孔的神路桥（桥下为玉带河，又名龙须沟）和神道碑亭。碑楼与龙凤门之间神道两侧立石象生，东陵主神道有18对（其中有獬豸、马、象、狻猊、麒麟、文臣、武将），西陵主神道有5对。龙凤门三间六柱三楼，用彩色琉璃砖瓦装饰龙凤花纹。北端神道碑亭内立石碑一通，用满、汉、蒙三种文字镌刻皇帝的庙号和谥号。碑东为神厨库和省牲亭。东陵中的景陵、裕陵、定陵和西陵中的昌陵，各支神道的建制，与此大体相同，只是规模较小。

陵寝四周绕以红墙，内分前后两部分，用宫墙隔开，象征前朝后寝。

前朝正门为隆恩门，两侧为朝房和班房。中间为隆恩殿，两侧有配殿，后面是琉璃花门。隆恩门面阔五间，单檐歇山顶。隆恩殿是举行祭祀活动的地方，建在汉白玉石砌成的巨大基座上，前有月台，陈列铜制鼎、鹿、鹤，周围绕以汉白玉石栏杆。大殿面阔五间，进深三间，重檐歇山顶，两侧建有配殿。道光慕陵的隆恩殿别具一格，梁架全部用楠木建造，天花板上每一格都雕刻有龙，门、窗、梁柱、雀替也雕游龙和蟠龙，表面不饰油彩，保持原

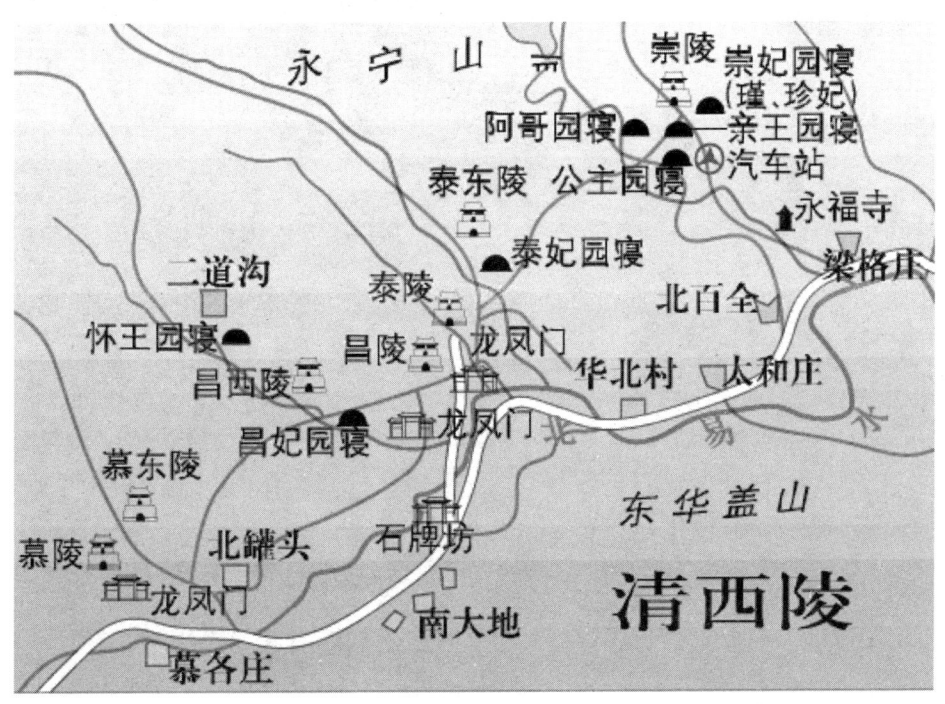

清西陵全图

木本色，造成一种"万龙聚会、龙口喷香"的气势。

慈禧太后东陵的隆恩殿是清陵中最辉煌的建筑。前面的栏杆雕龙凤呈祥图案，陛石透雕龙凤，龙在下、凤在上，生动传神，堪称杰作。墙体磨砖雕花，梁柱全部使用黄花梨木，殿内64根立柱上雕饰盘绕的半立体金龙。斗拱、梁材、天花板上的彩绘及雕砖部位全部贴金，通体金碧辉煌，为其他陵寝宫殿所未见。

后寝包括方城、宝城和地宫。方城平面呈方形，上建重檐歇山顶明楼，

乾隆裕陵地宫

是全陵最高的建筑物。楼内竖立满、汉、蒙三种文字镌刻的皇帝庙号陵名石碑，楼前陈列石五供。宝城中间为宝顶，下部是地宫所在。西陵中的慕陵则未建明楼和方城。

乾隆裕陵地宫曾遭盗掘。地宫面积甚大，进深54米，总面积300多平方米，为拱券式结构，全部用汉白玉石砌成。前后分为三室（从前到后称明券、穿券、金券），共四道石门，前有墓道，平面呈主字形。门楼上雕出檐椽、瓦垅、吻兽。每扇石门浮雕一个菩萨立像。第一道门外两侧浮雕四大天王坐像，墓室内壁和券顶雕刻佛像、经文和与佛教有关的图案，石棺床四壁也雕佛经，棺椁内外则是雕漆经文。经文用梵文和藏文两种文字镌刻，共有梵文647字，藏文29000多字。经文字体端整，线条流畅，变化繁多，主次分明，充分反映了清代雕刻工艺的高超水平。

清代设立了一整套机构对陵区进行严格管理。陵区设守陵大臣，并兼驻地总兵。人选在近支宗室、王公大臣中挑选，由宗人府提出，经皇帝批准。下辖内务、兵部、关防、礼部、工部、承办事务等衙门。兵部衙门统辖八旗兵、绿营兵，负责陵区的防卫、守护。关防衙门负责办理进入陵区人员的手续。礼部衙门负责祭陵和谒陵的礼仪安排。工部衙门负责工程维修。承办事务衙门负责向下传达使命。每座帝陵还设有分支机构。整个陵区管理、保卫以及勤杂人员多达数千人。

清末民初战乱频繁，清代诸陵内随葬的大量珍宝引起了军阀及土匪的垂涎。1928年奉系军阀岳兆麟部下团长马福田率兵占据马兰峪，策划盗掘东陵宝物。驻地不远的反动军阀孙殿英，打着剿匪的旗号，令第八师师长谭温江率兵将马福田赶跑，进驻东陵。孙殿英亲自指挥以进行军事演习为名，赶走守陵人员，切断交通联络，于深夜用炸药炸开了乾隆裕陵和慈禧东陵的地宫，将陵内随葬的珍宝大部劫去。事成后立刻开拔，逃之夭夭。其后当地地痞歹徒又进入地宫，寻捡剩下的珍宝，致使两陵被洗劫一空，损失惨重。东陵盗墓案暴露后，轰动中外。居住天津的溥仪多次致电蒋介石、阎锡山，要求严惩首犯孙殿英。由于孙殿英已将所盗宝物分别贿送当局要员，从而得以逍遥法外，此案最终草草了之。1938年一些不法村民经过密谋策划，又盗掘了西陵光绪皇帝及其宠妃珍妃的陵墓。

知识链接

电影《东陵大盗》

西安电影制片厂拍摄的彩色故事片《东陵大盗》共分5集，拍摄于1986—1988年，由苏金星编剧，李云东导演。影片主要内容为：孙殿英盗掘清东陵之后，一些军阀、政客恩威并施，企图从中渔利，甚至不惜兵戎相见；一批洋人打着收藏家、商人的旗号，企图收买珍宝，带往国外；而与此同时，一些爱国志士和团体得知情况以后，纷纷要求查明真相，严惩罪犯，并为了保卫国家珍宝而不懈努力。主要演员有孙飞虎、薄贯军、傅崇诚、胡庆士、郝知本等。

除了地宫被盗以外，两陵中原存的金银器皿等御用珍品，也大多被盗窃空。陵园建筑因年久失修，更是残破不堪。陵区内的林木也遭大量砍伐，当时驻防滦州的军阀唐之道，就将东陵有200多年树龄的古柏900多棵砍伐殆尽。

图片授权

全景网

壹图网

中华图片网

林静文化摄影部

敬 启

本书图片的编选，参阅了一些网站和公共图库。由于联系上的困难，我们与部分入选图片的作者未能取得联系，谨致深深的歉意。敬请图片原作者见到本书后，及时与我们联系，以便我们按国家有关规定支付稿酬并赠送样书。

联系邮箱：932389463@qq.com

参考书目

1. 徐建融. 图说中国古典建筑——宫殿 陵墓. 上海美术馆. 上海：上海人民美术出版社. 2013.
2. CCTV《走近科学》. CCTV考古中国：古墓. 上海：上海科学技术文献出版社. 2012.
3. 谢宇. 科普馆：布局讲究的陵墓建筑. 天津：天津科技翻译出版公司. 2012.
4. 张燕军. 中华上下五千年盗墓趣话. 北京：西苑出版社. 2011.
5. 刘庆柱，李毓芳. 中国史话：陵寝史话. 北京：社会科学文献出版社. 2011.
6. 刘毅. 中国古代陵墓. 天津：南开大学出版社. 2010.
7. 李明望. 中国古代陵墓雕塑. 长春：吉林出版集团有限责任公司，吉林文史出版社. 2010.
8. 谢洪波. 中国历代帝王陵墓之谜. 哈尔滨：哈尔滨出版社. 2009.
9. 杨宽. 中国古代陵寝制度史. 上海：上海人民出版社. 2008.
10. 黄濂. 中国历代后妃陵墓. 大连：大连出版社. 2007.
11. 董新林. 中国古代陵墓考古研究. 福州：福建人民出版社. 2005.
12. 黄景略，叶学明. 中国历代帝王陵墓. 北京：商务印书馆. 1998.
13. 朱耀廷. 永恒的家园：古代陵墓. 沈阳：辽宁师范大学出版社. 1996.

中国传统风俗文化丛书

一、古代人物系列（9本）
1. 中国古代乞丐
2. 中国古代道士
3. 中国古代名帝
4. 中国古代名将
5. 中国古代名相
6. 中国古代文人
7. 中国古代高僧
8. 中国古代太监
9. 中国古代侠士

二、古代民俗系列（8本）
1. 中国古代民俗
2. 中国古代玩具
3. 中国古代服饰
4. 中国古代丧葬
5. 中国古代节日
6. 中国古代面具
7. 中国古代祭祀
8. 中国古代剪纸

三、古代收藏系列（16本）
1. 中国古代金银器
2. 中国古代漆器
3. 中国古代藏书
4. 中国古代石雕
5. 中国古代雕刻
6. 中国古代书法
7. 中国古代木雕
8. 中国古代玉器
9. 中国古代青铜器
10. 中国古代瓷器
11. 中国古代钱币
12. 中国古代酒具
13. 中国古代家具
14. 中国古代陶器
15. 中国古代年画
16. 中国古代砖雕

四、古代建筑系列（12本）
1. 中国古代建筑
2. 中国古代城墙
3. 中国古代陵墓
4. 中国古代砖瓦
5. 中国古代桥梁
6. 中国古塔
7. 中国古镇
8. 中国古代楼阁
9. 中国古都
10. 中国古代长城
11. 中国古代宫殿
12. 中国古代寺庙

五、古代科学技术系列（14本）

1. 中国古代科技
2. 中国古代农业
3. 中国古代水利
4. 中国古代医学
5. 中国古代版画
6. 中国古代养殖
7. 中国古代船舶
8. 中国古代兵器
9. 中国古代纺织与印染
10. 中国古代农具
11. 中国古代园艺
12. 中国古代天文历法
13. 中国古代印刷
14. 中国古代地理

六、古代政治经济制度系列（13本）

1. 中国古代经济
2. 中国古代科举
3. 中国古代邮驿
4. 中国古代赋税
5. 中国古代关隘
6. 中国古代交通
7. 中国古代商号
8. 中国古代官制
9. 中国古代航海
10. 中国古代贸易
11. 中国古代军队
12. 中国古代法律
13. 中国古代战争

七、古代文化系列（17本）

1. 中国古代婚姻
2. 中国古代武术
3. 中国古代城市
4. 中国古代教育
5. 中国古代家训
6. 中国古代书院
7. 中国古代典籍
8. 中国古代石窟
9. 中国古代战场
10. 中国古代礼仪
11. 中国古村落
12. 中国古代体育
13. 中国古代姓氏
14. 中国古代文房四宝
15. 中国古代饮食
16. 中国古代娱乐
17. 中国古代兵书

八、古代艺术系列（11本）

1. 中国古代艺术
2. 中国古代戏曲
3. 中国古代绘画
4. 中国古代音乐
5. 中国古代文学
6. 中国古代乐器
7. 中国古代刺绣
8. 中国古代碑刻
9. 中国古代舞蹈
10. 中国古代篆刻
11. 中国古代杂技